# 영어회화 100일의 기적

## 암기 카드

KB129366

**영어회화 100일의 기적 암기 카드**

지은이 문성현
펴낸이 임상진
펴낸곳 (주)넥서스

초판 1쇄 발행 2019년 6월 28일
초판 3쇄 발행 2019년 10월 21일

2판 1쇄 발행 2022년 10월 18일
2판 3쇄 발행 2024년 6월 15일

출판신고 1992년 4월 3일 제311-2002-2호
주소 10880 경기도 파주시 지목로 5
전화 (02)330-5500 팩스 (02)330-5555

ISBN 979-11-6683-423-3 13740

**www.nexusbook.com**

100일 후에는 나도 영어로 말한다!

# 영어회화

# 100일의

# 기적

# 암기 카드

문성현 지음

넥서스

# 영어회화 **100일**의 기적
## 암기 카드, 이렇게 활용해 보세요!

### 1
Day 1~100까지 100일 동안 공부해 보세요.

### 2
셀프 체크리스트를 활용하여 공부해 보세요.
MP3 & 저자 강의 듣기 & 암기 완료

# 영어회화 100일의 기적

## 암기 카드, 이렇게 활용해 보세요!

**3** 학습을 완료한 Day는 한 장씩 뜯어 휴대하면서
암기해 보세요.

**4** 동봉되어 있는 카드링을 활용,
휴대하며 공부해 보세요.

# Look who's here!

이게 누구야!

친한 사람을 예상치 못한 장소에서 만났을 때 하는 말입니다. 놀라움과 반가움을 동시에 나타내는 표현이죠. 상황에 따라 What a surprise! 또는 What're you doing here?와 같은 표현이 '여긴 웬일이야?' 라는 의미로 사용됩니다.

• 유사표현 : **Fancy meeting you here!**

A  Ryan! Look who's here!

B  Good to see you. What a small world*.

A  Long time no see*. How have you been?

B  I'm doing great*. You haven't changed a bit.

A  Nice talking to you. Say hello to your wife.

B  Catch you later*. I'll keep in touch.

A 라이언! 이게 대체 누구야?  B 반가워. 세상 참 좁구나.  A 오랜만이야. 어떻게 지냈어?  B 잘 지내고 있어. 넌 하나도 안 변했구나.  A 대화 즐거웠어. 와이프한테 안부 전해 줘.  B 나중에 봐. 내가 연락할게.

---

**기타표현체크**

• What a small world  세상 참 좁다      • Long time no see  오랜만이다
• be doing great  잘 지내고 있다        • Catch you later  다음에 보자

# DAY 002

# Don't mention it
## 별말을 다 해

상대방이 감사의 인사를 하면 '천만에요.', '신경 쓰지 마세요.'라고 응답할 때 사용하는 표현입니다. 유사한 의미로 Forget it. 또는 You're welcome.과 같은 표현도 있습니다.

• 유사표현 : **Never mind**

A  I got something for your birthday.

B  A present for me? You shouldn't have!

A  It's cold outside. I'll give you a ride home.

B  Don't bother*, but thanks anyway.

A  Don't mention it*. That's what friends are for

B  Something smells fishy*. Just be yourself.

A 네 생일 선물로 뭘 좀 샀어.   B 내 선물이라고? 이러지 않아도 되는데!   A 바깥 날씨가 추워. 집까지 태워 줄게.   B 일부러 그럴 거 없어. 어쨌든 고마워.   A 별말을 다 하네 친구 좋다는 게 뭐야.   B 뭔가 수상한데. 평소처럼 해.

---

### 기타표현체크

· **Don't bother**  일부러 그럴 거 없어    · **Don't mention it**  천만에요/별말을 다 하
· **Something smells fishy**  수상한 냄새가 난다

# DAY 003

# **What's the weather like?**

## 날씨가 어때?

'What+be동사 ~ like?'는 사물이나 사람의 상태를 물을 때 사용하는 표현입니다. '새로 오신 선생님 어때?'라고 묻는다면 **What's your new teacher like?**와 같이 말하면 되겠죠.

• 유사표현 : **How is the weather?**

저자
강의

A **What's the weather** gonna be **like** this Saturday?

B The weather reporter said it was gonna be raining.

A I get the feeling that* we should call off* our trip.

B Boy! It totally slipped my mind.

A Don't tell me you were going to go alone behind my back*.

B No way. I'll just go with the flow.

A 이번 주 토요일 날씨가 어떨 것 같아?　B 일기예보에서 비가 올 거라고 했어.　A 여행을 취소해야 할 것 같은 느낌이 들어.　B 이런! 깜빡 잊고 있었네.　A 설마 나 몰래 혼자 가려고 했던 건 아니겠지.　B 말도 안 돼. 난 그냥 대세를 따를 거야.

**기타표현체크**

• get the feeling that+주어+동사　~라는 느낌이 들다　　• call off　취소하다
• behind one's back　~의 뒤에서/~ 몰래

# DAY 004

# I feel like going out
## 놀러 가고 싶어

'feel like -ing'는 '~하고 싶은 기분이야'라는 표현입니다. 동사 대신 명사를 사용해서 I feel like some coffee.(커피 좀 마시고 싶어.)와 같이 말할 수도 있습니다.

• 유사표현 : I feel up to going out

A  I feel like going out with you tonight.

B  I'm sorry, but I have a previous engagement*.

A  Nothing beats beer with chicken on a hot day.

B  Come to think of it*, I can't miss a drinking session*.

A  That's it! You might as well cancel your appointment.

B  I'm gonna have to postpone it for another day.

A 오늘 밤에 너랑 놀러 가고 싶어.  B 미안한데 난 선약이 있어.  A 이렇게 더운 날엔 치맥보다 나은 게 없지.  B 생각해 보니, 내가 술자리를 놓치면 안 되지.  A 바로 그거 야! 약속 취소하는 게 낫겠다.  B 약속을 다른 날짜로 옮겨야겠어.

### 기타표현체크

•previous engagement  선약
•drinking session  술자리

•come to think of it  다시 생각해 보니

# DAY 005

# Care for some coffee?

커피 한잔 할래?

'~하실래요?'처럼 상대의 의향을 물을 때 'Care for+명사?' 또는 'Care to+동사원형?'의 형태로 말할 수 있어요. '춤추실래요?'는 Care to dance?라고 하죠. 친한 사이에 격식 없이 사용하면 좋은 표현입니다.

• 유사표현 : **Would you like some coffee?**

A How did you get those plane tickets?

B I pulled some strings*. I have good connections*.

A I knew it. Care for some coffee after lunch?

B You're a big fan of* coffee. Go easy on it.

A It's not gonna kill you to have one.

B Don't forget to bring Anna.

A 비행기 티켓 어떻게 구했어? B 내가 백을 좀 썼지. 좋은 인맥이 좀 있거든. A 그럴 줄 알았어. 점심 먹고 커피 한잔 어때? B 커피 정말 좋아하는구나. 적당히 좀 마셔. A 한 잔 마신다고 큰일 나는 거 아니잖아. B 안나 데려오는 거 잊지 말고.

---

## 기타표현체크

· pull some strings   연줄을 대다/백을 쓰다
· have good connections   좋은 인맥이 있다
· be a big fan of sb/sth   ~의 광팬이다/~을 좋아하다

# DAY 006

🎧 **MP3 Day 006**　　　　　☐MP3 듣기 ☐저자강의 듣기 ☐암기 완료

# Look on the bright side
## 긍정적으로 생각해

직역하면 '밝은 면을 바라보다'라는 뜻인데, '긍정적으로 생각하다'라는 의미의 표현입니다. 친구가 좋지 않은 일로 의기소침해 있을 때 격려의 말로 쓰면 좋은 표현이죠. 간단히 **Be positive.**와 같이 말해도 됩니다.

• 유사표현 : **Think positively**

A Sorry to keep you waiting\*. So where were we?

B We need to fix the date for the next meeting.

A When is the most convenient time\* for you?

B Too bad I'm not able to make time\* this week.

A Try to look on the bright side.

B Got it. Keep me posted on your progress.

A 기다리게 해서 미안해요. 어디까지 얘기했죠?　B 다음 미팅 날짜를 확정해야 해요.
A 언제가 가장 편한 시간이죠?　B 안타깝게도 이번 주는 시간을 낼 수가 없어요.
A 긍정적으로 생각 좀 해 봐요.　B 알았어요. 진행 상황을 계속 알려 주세요.

---

**기타표현체크**

• keep sb waiting　~를 기다리게 하다
• When is the most convenient time?　언제가 가장 편하세요?
• make time　시간을 내다

🎧 **MP3** Day 007　　☐ MP3 듣기　☐ 저자강의 듣기　☐ 암기 완료

# What do you mean?
### 무슨 뜻이죠?

상대방이 한 말이 이해가 되지 않아서 무슨 의도인지 확인하려고 묻는 표현입니다. What do you mean by that? 또는 What are you getting at?과 같이 말해도 됩니다.

• 유사표현 : What does it mean?

A  I'm calling to* make a reservation at seven.

B  How many in your party, sir?

A  Do you have a room for six?

B  It makes no difference* whether you book or not.

A  What do you mean?

B  You'll be admitted* on a first-come first-served basis.

A 7시에 예약하려고 전화했어요.　B 일행이 몇 분이신가요?　A 6명인데 방이 있나요?
B 예약을 하시든 안 하시든 차이가 없어요.　A 그게 무슨 뜻이죠?　B 오시는 순서대로
입장시켜 드리거든요.

---

**기타표현체크**

• I'm calling to+동사원형　~하려고 전화했어요　　• make no difference　차이가 없다
• be admitted (to+장소)　(~에) 입장하다

# Can you give me a hand?
좀 도와줄래?

help는 '직접 도와주다'라는 의미인 반면, give sb a hand는 '누가 ~하는 것을 거들어 주다'라는 뉘앙스의 표현입니다. help out은 '끝까지 도와주다'라는 의미를 포함하고 있습니다.

• 유사표현 : **Can you help me out?**

A **Can you give me a hand** with this?

B I'd love to, but I'm too busy.

A How come* you're good at* making excuses?

B Don't take it out on me.

A All you have to do is just say yes.

B You have to do it yourself* to improve your ability*.

A 이것 좀 도와줄래? B 그리고 싶은데 너무 바빠. A 넌 왜 그렇게 핑계를 잘 대니?
B 나한테 화풀이하지 마. A '알았어.'라고 대답만 하면 되잖아. B 네 능력을 키우려면
스스로 해야 해.

---

**기타표현체크**

· **How come+주어+동사?** 왜 ~하는 거야?   · **be good at+(동)명사** ~을 잘하다
· **do sth oneself** 스스로 ~하다   · **improve one's ability** 능력을 키우다

# DAY 009

# **Want to come along?**

## 같이 갈래?

'Want to+동사원형?'의 형태는 '~할래?'와 같이 상대방의 의사를 묻는 표현입니다.
비슷한 표현으로 Want to join us?와 같이 말해도 됩니다.

• 유사표현 : **Want to tag along?**

A  I'm going camping* this weekend. Want to come along?

B  Why not? Can I get you anything?

A  Just bring yourself*. I'll take care of* everything.

B  I've been wanting to hit the road for a change* lately.

A  That's great! I'm also looking forward to this trip.

B  I wouldn't miss it for anything.

A 이번 주말에 캠핑 가려는데, 같이 갈래?   B 물론이지. 뭘 가져갈까?   A 그냥 몸만 와. 내가 다 알아서 할게.   B 요즘 기분 전환 삼아 좀 떠나고 싶었어.   A 잘됐네! 나도 이번 여행을 고대하고 있어.   B 무슨 일이 있어도 갈게.

---

### 기타표현체크

· go camping   캠핑하러 가다
· take care of sth   ~을 처리하다
· Just bring yourself   몸만 오세요
· for a change   기분 전환 삼아

# DAY 010

# He's getting out of hand
## 감당이 안 돼

get out of hand는 '손에서 벗어나 있다', 즉 '통제가 되지 않다'라는 뜻입니다. 어떤 상황이나 사람이 더 이상 감당이 되지 않을 때 사용하죠. '모든 게 뜻대로 되고 있다.'는 I've got everything under control.과 같이 말합니다.

• 유사표현 : **He's getting out of control**

저자
강의

A  My boss is not easy to get along with*.

B  What is it? Spit it out*.

A  He's two-faced and getting out of hand.

B  You're annoyed by his constant complaints.

A  He's in a bad mood for some reason today.

B  The thing is* you're not cut out to kiss up to him.

A 우리 사장님하고 함께 지내기 정말 힘들어.   B 뭐 때문에? 말해 봐.   A 그분은 이중적이고 갈수록 감당이 안 돼.   B 끊임없는 불평 때문에 짜증스럽구나.   A 오늘도 무슨 이유인지 기분이 안 좋으셔.   B 네가 아부에 소질이 없는 것도 문제야.

### 기타표현체크

• **get along with sb** ~와 잘 지내다     • **Spit it out** 솔직히 말해 봐
• **The thing is+주어+동사** 문제는 ~이다

# DAY 011

# You've crossed the line

## 너무 심했어

인간관계에 있어 서로에게 지켜야 하는 선이 있죠. 넘지 말아야 할 한계 선(line)을 넘었기 때문에 '너무하다'라는 의미로 사용되는 표현입니다. You're out of line. 또는 You're too much.와 같이 말하기도 합니다.

• 유사표현 : You've gone too far

A Please don't give me a hard time.

B It's not like* I asked you to* marry me or what.

A You just occasionally wanna have coffee or lunch?

B I hope we can get back together again.

A How could you cheat on me for that long?

B I must admit*, I've crossed the line.

A 나 좀 힘들게 하지 마세요. B 당신에게 결혼해 달라고 한 것도 아니잖아요. A 가끔 커피나 점심 먹자는 것뿐이에요? B 우리가 다시 시작할 수 있기를 바라요. A 어떻게 그렇게 오래 바람을 피울 수가 있어요? B 솔직히 제가 좀 심했어요.

---

**기타표현체크**

· It's not like+주어+동사 ~인 것도 아니잖아
· ask sb to+동사원형 ~에게 …해 달라고 부탁하다
· I must admit+주어+동사 솔직히 ~하다

DAY
012

🎧 **MP3 Day 012**    ☐MP3 듣기 ☐저자강의 듣기 ☐암기 완료

# Are you sure?
## 정말이야?

상대방이 한 말을 믿기 어려울 때 내용이 확실한지 물어보는 표현입니다. 'Are you sure+주어+동사?'의 형태로도 사용되죠. '네가 한 게 확실해?'는 Are you sure you did that?과 같이 말하면 됩니다.

• 유사표현 : **Are you serious?**

A  I'd like to put my car on the market.

B  Àre you sure? What's the deal?*

A  We don't need two cars anymore.

B  What if* you have the car, and I have to go shopping?*

A  We need to cut back on shopping.

B  Honey, I think you should just calm down a little bit.

A 내 차를 시장에 내놓으려고 해.  B 정말이야? 대체 무슨 일인데?  A 더 이상 자동차가 두 대나 필요 없잖아.  B 당신이 차를 쓰고 있는데 내가 쇼핑 가야 되면 어떡해?  A 우린 쇼핑을 좀 줄여야 해.  B 자기야, 당신 잠시 진정 좀 해야 할 것 같아.

---

**기타표현체크**

• **What's the deal?**  무슨 일이야?
• **go shopping**  쇼핑하러 가다
• **What if+주어+동사?**  ~하면 어떻게 되지?

## DAY 013

# Don't tell me what to do
## 잔소리 그만해

부모님이나 아내가 자식이나 남편에게 이래저래 간섭할 때 반항하는 목소리로 하는 말입니다. **You can't tell me what to do.**와 같이 말해도 됩니다.

• 유사표현 : **Stop bossing me around**

A I'm gonna have my friend over tonight.

B What's the occasion? He's a friend from school?

A Yes, the real good kind*. We have a lot in common*.

B You can't tell me something like this on such short notice*.

A Mom, please don't tell me what to do.

B He's not coming. Over my dead body!

A 오늘 밤에 친구를 집에 초대하려고요.  B 무슨 일인데? 학교 친구니?  A 네, 정말 좋은 친구죠. 우린 공통점이 참 많아요.  B 그런 일을 그렇게 갑자기 얘기하면 안 되지.
A 엄마, 제발 잔소리 좀 하지 마세요.  B 친구는 못 온다. 절대로 안 돼!

### 기타표현체크

· the real good kind  좋은 부류
· have sth in common  공통점이 있다
· on such short notice  촉박하게/급하게

# DAY 014

🎧 MP3 Day 014

☐MP3 듣기  ☐저자강의 듣기  ☐암기 완료

# I called in sick
## 나 병가 냈어

'몸이 아파서 침대에서 전화하다'라는 표현입니다. '그녀는 몸져누워 있다.'라고 할 때 She's sick in bed.라고 하죠. '병가를 내다'는 take a sick leave라고도 합니다.

• 유사표현 : I took a sick day

저자
강의

A  I'm not feeling well today, so I called in sick.

B  I think you should take a few days off.

A  I'd like to. Thanks for your concern.

B  It's like you've been working 24/7* these days.

A  I don't want to work overtime*, but it's the only way.

B  I'm telling you*, nobody can stop you*.

---

A 오늘 몸이 안 좋아서 병가 냈어.  B 너 며칠 쉬어야 할 것 같아.  A 그러고 싶어. 걱정해 줘서 고마워.  B 요즘 밤낮으로 일만 하는 것 같더라.  A 야근하고 싶진 않는데, 방법이 없어.  B 정말이지, 아무도 널 못 말려.

---

### 기타표현체크

• 24/7  밤낮으로(around the clock)
• I'm telling you  정말이야
• work overtime  야근하다
• nobody can stop sb  아무도 ~를 못 말리다

# What's up with your hair?

## 머리는 왜 그래?

What's (up) with sth?이라고 하면 '~은 대체 왜 그래요?'라는 뜻이죠. 평소와는 다르거나 뭔가 이상해 보일 때 궁금해서 물어보는 표현입니다.

• 유사표현 : **What's wrong with your hair?**

A Hey, what's up with your hair?

B I overslept*. My office dinner* ended after midnight.

A You are supposed to make a presentation tomorrow.

B Can you help me with my work a little?

A Okay. Let's go over* your assignment first.

B Please book a meeting room in advance.

A 머리가 대체 왜 그래? B 늦잠 잤어. 사무실 회식이 자정 넘어서 끝났거든. A 너 내일 프레젠테이션 하기로 되어 있잖아. B 내 업무 좀 도와줄 수 있어? A 그래. 먼저 과제물부터 검토해 보자. B 회의실부터 미리 예약해 줘.

---

**기타표현체크**

· oversleep  늦잠 자다
· go over sth  ~을 검토하다
· office dinner  사무실 회식

# DAY 016

# Sounds good
좋은 생각이야

상대방이 어떤 제안을 할 때 동의하며 맞장구칠 때 사용하는 표현입니다. 상대의 의견에 동의할 때 Great idea., I agree with it., Sounds like a plan.과 같이 말할 수 있습니다.

• 유사표현 : Sounds like a great idea

A  What are you gonna do this weekend?

B  I'll take my kids outside and play in the yard*.

A  Why don't we go catch a late-night movie tomorrow?

B  Sounds good, but I'm signing up for yoga class.

A  Once you make a decision*, you stick to it.

B  The clock is ticking. It's now or never*.

A 이번 주말에 뭐 할 거야?  B 애들 데리고 야외에 가서 뛰어놀려고.  A 내일 심야 영화 한 편 볼까?  B 좋은 생각인데, 요가 수강신청 하러 가야 해.  A 일단 결정하면 끝까지 밀고 가는구나.  B 시간이 흐르잖아. 지금 아니면 기회가 없어.

## 기타표현체크

• play in the yard  야외에서 놀다
• It's now or never  지금 아니면 안 돼

• make a decision  결심하다/결정하다

**DAY 017**

# This is ridiculous

말도 안 돼

눈앞에서 벌어진 어떤 상황을 받아들이기 어려울 때 사용하는 표현입니다. You can't be serious. 또는 No way.와 같이 말하기도 합니다.

• 유사표현 : **This can't be happening**

A  I got a flat tire while dropping off my son at school.

B  Again? It happened two months ago.

A  Yeah, and now my car won't start. This is ridiculous.

B  Maybe you should call your insurance company*.

A  I'm going to be a little late to work*.

B  OK. I'll tell your immediate supervisor*.

A 아들 학교 데려다주다 타이어 펑크가 났어.  B 또? 두 달 전에도 그랬잖아.  A 그래, 게다가 시동도 안 걸려. 말도 안 돼.  B 보험회사에 전화해야겠네.  A 출근이 조금 늦어질 것 같아.  B 알았어. 네 상사에게 보고할게.

---

**기타표현체크**

· the insurance company  보험회사
· immediate supervisor  직속 상사
· be late to work  출근이 늦다

🎧 **MP3 Day 018**

☐ MP3 듣기 ☐ 저자강의 듣기 ☐ 암기 완료

# I'm booked solid
**일정이 꽉 찼어**

숙소 예약이나 개인 일정 등이 '꽉 찼다'는 의미의 표현입니다. '바빠서 시간을 내기 어렵다'는 뜻으로 I'm fully booked., My hands are tied.와 같이 말하기도 합니다.

• 유사표현 : **My schedule is really tight**

저자
강의

A  It's hard to reach you by phone.

B  Sorry. I haven't had time to return calls.

A  Do you remember we're going for a drink* tonight?

B  Yes, but can I take a rain check?

A  You can't break our promise* this time.

B  I'm booked solid today. My head's gonna explode*.

A 너랑 통화하기 정말 힘들다.   B 미안. 전화해 줄 시간이 없었어.   A 오늘 저녁에 술 약속한 거 기억하지?   B 그래. 근데 다음 기회로 미루면 안 될까?   A 이번에는 약속 깨 뜨리면 안 돼.   B 오늘 스케줄이 꽉 찼어. 머리가 터질 것 같아.

## 기타표현체크

• **go for a drink** 술 마시러 가다
• **explode** (감정, 폭탄이) 폭발하다
• **break one's promise** 약속을 어기다

DAY
**019**

# Time to call it a day
끝낼 시간이야

call it a day는 '하루 일과를 마치다'라는 표현이죠. 퇴근 시간이 임박하거나 지났을 때 Let's call it a day., Let's leave for the day., Let's wrap it up.과 같이 말할 수 있습니다.

• 유사표현 : **That's it for the day**

저자
강의

A  Could you come here a sec?

B  Speak of the devil*, what's up?

A  Your boss is asking for* the report.

B  One moment*, I'll sneak out of the meeting.

A  Look, it's almost 6. Time to call it a day.

B  Okay, I'll wrap things up in 5 minutes.

A 잠깐만 이쪽으로 와 볼래?  B 호랑이도 제 말 하면 온다더니, 무슨 일이야?  A 사장님이 보고서를 찾고 계셔.  B 잠시만, 회의 중인데 살짝 빠져나올게.  A 벌써 6시가 다 됐어. 마감할 시간이야.  B 알았어. 5분 내로 마무리할게.

---

**기타표현체크**

· **speak of the devil**  호랑이도 제 말 하면 온다더니
· **ask for sth**  ~을 요구하다/~을 찾다
· **one moment**  잠시만요

# DAY 020

🎧 MP3 Day 020

☐ MP3 듣기 ☐ 저자강의 듣기 ☐ 암기 완료

# I will pay more attention

## 좀 더 신경 쓸게

pay attention to sth은 '~에 주의를 기울이다'라는 표현이죠. 같은 의미로 give attention to sth도 사용됩니다. 반면, '신경 쓰지 않다'라는 뜻으로 I don't care. 또는 I couldn't care less.와 같은 표현이 있습니다.

A It's like you worry about the kids too much.

B Don't be silly*. There's a good reason for that.

A When I was their age, I used to disappear for hours.

B Times have changed*. We can't take our eyes off them.

A Okay, I will pay more attention.

B Your room is a mess*. Please help me clean it.

A 당신이 애들 걱정을 너무 하는 것 같아. B 바보 같은 소리 마요. 그럴 이유가 있어요. A 내가 저 나이 땐 몇 시간씩 사라지곤 했어. B 세상이 변했잖아요. 애들한테서 눈을 떼면 안 돼요. A 알았어. 좀 더 신경 쓸게. B 당신 방이 엉망이에요. 치우는 것 좀 도와줘요.

---

## 기타표현체크

· **Don't be silly** 바보 같이 굴지 마 · **Times have changed** 세상이 달라졌어
· **sth is a mess** (~의 상태가) 엉망이다

# DAY 021

🎧 MP3 Day 021

# Not to worry

걱정 마

상대방에게 '걱정 안 해도 돼.'라고 안심시킬 때 사용하는 표현입니다.
간단히 No worries.와 같이 말해도 됩니다.

• 유사표현 : Please don't worry

저자
강의

A Have you ever committed any crimes*?

B Absolutely not. I've never broken the law*.

A What if someone blackmails you into something?

B In that case, I'll report to the police*.

A Actually, I'm in a real sticky situation*.

B Not to worry. I'll keep an eye on you.

A 혹시 범죄를 저지른 적 있어요?　B 물론 없죠. 법을 어겨 본 적이 없어요.　A 누가 당신을 협박하면 어떻게 하실래요?　B 그런 경우엔 경찰에 신고해야죠.　A 사실, 제가 곤란한 상황에 처했어요.　B 걱정 마세요. 내가 지켜봐 줄게요.

---

### 기타표현체크

· commit a crime　범죄를 저지르다　　　· break the law[rules]　법[규정]을 어기다
· report to the police　경찰에 신고하다
· be in a sticky situation　어려운 상황에 처하다

# DAY 022

🎧 **MP3 Day 022**

# Let's go for a drive
드라이브 가자

'~하러 가다'는 'go for a+명사' 또는 'take a+명사'와 같이 표현할 수 있어요. 예를 들어, '산책하러 가자.'는 Let's go for a walk. 또는 Let's take a walk.와 같이 말할 수 있습니다.

• 유사표현 : Let's take a drive

저자강의

A Let's go for a drive after the movie.

B Sure. What movies are playing* now?

A Have you seen* *Interview* by any chance*?

B I thought it would be good, but was taken in by the ad.

A You're not allowed to tell me the story.

B Got it. Hurry up, or we'll be late.

A 영화 끝나고 드라이브 하러 가자.  B 좋아. 지금 무슨 영화가 상영 중인데?  A 혹시 〈인터뷰〉라는 영화 봤어?  B 재미있을 줄 알았는데, 광고에 속았어.  A 영화 줄거리 미리 말하지 마.  B 알았어. 서두르지 않으면 늦겠어.

---

**기타표현체크**

· play  (TV, 영화를) 상영하다
· by any chance  혹시라도

· Have you p.p.?  ~한 적 있어?

# DAY 023

# **Just throw away**
갖다 버려

throw away는 직역하면 '던져 버리다'라는 뜻인데, '쓰레기 등을 버리다'라는 의미로 사용됩니다. '버리다'라는 의미의 동사로 dump를 사용하기도 합니다.

• 유사표현 : Put them in the trash can

A  I want to see if she wants to come back.

B  After splitting up, it's good to go your separate ways*.

A  Should I give back the things she got me?

B  Just throw them away*. What's the point of keeping them?

A  I have no idea* how I can get over her*.

B  I'll set you up with a nice girl from my class.

A 그녀가 돌아오고 싶어 하는지 알고 싶어.  B 헤어진 후엔 각자 길을 가는 게 좋아.
A 걔가 나한테 사 준 물건을 돌려줘야 하나?  B 그냥 버려. 보관하는 게 무슨 소용 있
어?  A 그녀를 어떻게 잊을 수 있을지 모르겠어.  B 우리 반에 있는 멋진 여자를 소개
시켜 줄게.

---

## 기타표현체크

- go one's separate ways  각자의 길을 가다
- have no idea  전혀 모르겠다
- throw away  버리다
- get over sb  ~를 잊다/극복하다

# Here we go again
### 또 시작이야

상대방에게 불쾌감을 주는 상황이나 같은 행동이 반복될 때 사용하는 표현입니다. '정말 못 말리겠군.', '또 시작이야.'와 같은 의미로 사용됩니다.

• 유사표현 : There you go again

A Are you sure this is what you want to do?

B Don't you get it? I have made that clear.

A I hate to say this, but you're dead wrong*.

B If you don't trust me, count me out.

A Oh, no. Here we go again*.

B What I want you to do* is take some action.

A 이게 정말 당신이 원한 거예요?   B 이해 안 돼요? 난 분명히 말했어요.   A 이런 말하기 싫지만, 당신이 완전히 틀렸어요.   B 날 믿지 못할 거라면 날 빼 주세요.   A 아이고, 또 시작이군요.   B 내가 바라는 건 뭔든 조치를 취하는 거예요.

---

**기타표현체크**

• dead wrong  완전히 틀린
• Here we go again  (불평) 또 시작이군
• what I want you to do  당신에게 원하는 것

# DAY 025

# Let it go
### 신경 꺼

'지나간 일은 신경 쓰지 마.'라는 뜻의 표현입니다. '지난 일은 잊어버려.'라는 의미로 Let bygones be bygones. 또는 It's water under the bridge.와 같이 표현하기도 합니다.

• 유사표현 : **Forget about it**

A I owe you an apology. I forgot your birthday.

B Come on. Let it go*.

A I promise it'll never happen again.

B No problem. It could happen to* anyone.

A I want to make up for missing it.

B Forget it*. I don't want to twist your arm.

A 사과할 게 있어. 네 생일을 깜빡했어. B 뭐 그런 걸 다. 신경 쓰지 마. A 다시는 이런 일 없을 거야. B 괜찮아. 누구나 그럴 수 있지. A 네 기념일을 놓친 걸 보상하고 싶어. B 됐어. 엎드려 절 받기는 사양할래.

---

**기타표현체크**

• let it go　그냥 둬도/잊어버려요
• Forget it　됐어/신경 쓰지 마

• happen to sb　(어떤 일이) ~에게 일어나다

# DAY 026

# Now you're talking
바로 그거야

서로 다른 얘기를 하다가 어느 순간 대화의 물꼬가 트일 때 하는 말이죠.
'바로 그거야.' 또는 '이제야 말이 통하는군.'과 같은 뜻으로 사용되는 표현입니다.

• 유사표현 : You're talking my language

A Why are you in a hurry? Just slow down*.

B I can't wait to get married and live with you.

A Just because we go out* doesn't mean we have to get married.

B I see what you mean. Take whatever time you need.

A Now you're talking.

B People say that we're a good match*.

A 왜 이렇게 서둘러요? 천천히 하세요.  B 빨리 결혼해서 당신과 살고 싶어요.  A 사귄다고 해서 결혼해야 하는 건 아니잖아요.  B 무슨 뜻인지 알아요. 시간을 충분히 가져요.  A 이제야 말이 통하는군요.  B 남들은 우리가 잘 어울린다고 하던데요.

## 기타표현체크

· slow down 속도를 늦추다
· good match 좋은 상대/배우자
· go out (남녀가) 사귀다

# DAY 027

🎧 **MP3 Day 027**

# You're all dressed up

## 쫙 빼입었네

be dressed up은 '차려입다'라는 표현이죠. 반대로 간편하게 입었다면 You're dressed down.이라고 말하면 됩니다. all은 형용사의 뜻을 강조할 때 사용하는데, '너 정말 섹시하다.'는 You're all sexy.와 같이 말하면 됩니다.

• 유사표현 : **You're dressed to kill**

저자강의

A You're all dressed up for the interview today.

B You know what they say, "Clothes make the man*."

A It looks like you got a new suit.

B I haven't bought a new one in six years.

A That's where you've changed. You used to wear wash-and-wear*.

B Just drop it*! Let's wait and see how the result comes out*.

A 오늘 면접 때문에 빼입었구나.  B 옷이 날개라는 말도 있잖아.  A 그 새 양복 구입한 거 같은데.  B 6년 동안 새 정장을 사지 않았어.  A 그 점이 네가 달라진 거야. 넌 싸구려 옷만 입었잖아.  B 그만 좀 해! 면접 결과가 어떻게 나올지 지켜보자.

---

### 기타표현체크

· **clothes make the man** 옷이 날개다  · **wash-and-wear** (물빨래해서 입는) 싸구려 옷
· **drop it** 됐어/그만해   · **come out** (결과가) 나오다

# DAY 028

🎧 **MP3 Day 028**

# Suit yourself!
## 맘대로 해!

상대방이 의사를 물을 때 '마음대로 하세요.' 또는 '편할 대로 하세요.'
라고 말할 때 사용하는 표현이죠. '너만 좋다면 상관없어.'라는 의미로
**Whatever you say.**(네 말대로 할게.)와 같이 말하기도 합니다.

• 유사표현 : **Knock yourself out!**

A Honey, what do you think of these sunglasses?

B You're going on a vacation or something?

A Give me a break*. I was just trying them out*.

B I'm gonna take our kids to the ice cream stand

A OK. Let's meet in the food court when I'm done

B Suit yourself. Don't buy anything on impulse*

A 자기야, 이 선글라스 어때? B 휴가라도 떠나려는 거야 뭐야? A 한 번만 봐줘. 착용
만 해 볼게. B 난 애들을 아이스크림 코너에 데려갈게. A 알았어. 볼일 끝나고 푸드코
트에서 만나. B 좋을 대로 해. 충동구매는 하지 마.

---

**기타표현체크**

• **Give me a break** 한 번만 봐줘    • **try sth out** (시험 삼아) 착용하다
• **buy sth on impulse** 충동구매하다

# DAY 029

# Let's get wasted
## 실컷 마시자

get wasted는 '진탕 마시다'라는 표현입니다. 유사한 의미로 get plastered, get hammered 또는 '밤을 불태우다'라는 뜻으로 paint the town red와 같은 표현도 있습니다.

• 유사표현 : **Let's get plastered**

A  I can't remember a thing* about last night.

B  Me, neither. I'm in the mood for a beer tonight.

A  Again? I'm suffering from* a terrible hangover.

B  Let's go get hangover soup* before hitting the bars.

A  Perfect. Let's get wasted tonight.

B  I'll get the bill this time.

A 어젯밤 일은 하나도 기억이 안나.   B 나도 그래. 저녁에 맥주 한잔 하고 싶다.
A 또야? 난 숙취 때문에 고생하고 있는데.   B 술 마시러 가기 전에 해장국 좀 먹자.
A 좋아. 오늘 밤에 진탕 마셔 보자.   B 이번에는 내가 살게.

---

### 기타표현체크

· **can't remember a thing**  아무 기억이 안 나다   · **suffer from sth**  ~으로 고통받다
· **hangover soup**  해장국(hangover chaser)

# DAY 030

# It's no big deal
**별일 아니야**

'별일 아니야.', '대단한 일 아니야.'라는 뜻으로 자주 사용되는 표현입니다. 유사한 의미로 It's nothing., No big deal., No biggie.와 같은 표현이 있습니다.

• 유사표현 : **It's not a big problem**

A Our kids always fight over nothing.

B It's no big deal. Never mind*.

A I agree with* you to some degree*, but I'm a little sensitive.

B They have no trouble adjusting to* school life?

A Yes, I guess so.

B I bet they'll grow up to be great people.

A 우리 애들은 맨날 사소한 일로 싸워.  B 별일 아니야. 신경 쓰지 마.  A 어느 정도 동의하는데, 내가 좀 예민한가 봐.  B 학교 생활에 적응하는 데는 문제 없어?  A 응, 그런 거 같아.  B 우리 애들은 커서 훌륭한 사람이 될 거야.

## 기타표현체크

• Never mind  신경 쓰지 마
• to some degree  어느 정도까지
• agree with sb  ~에게 동의하다
• adjust to+(동)명사  ~에 적응하다

DAY
031

🎧 MP3 Day 031

☐ MP3 듣기　☐ 저자강의 듣기　☐ 암기 완료

# What's wrong with it?

**뭐 어때서요?**

상대방이 문제를 제기할 때 '대체 왜 그래요?'와 같이 말할 때 사용할
수 있는 표현입니다. '날 좀 내버려 둬.'는 보통 Leave me alone.과
같이 말하고 '참견 마세요.'는 간단히 Don't butt in.이라고도 합니다.

• 유사표현 : **What's the problem?**

A  Your skirt is way too* short.

B  What's wrong with it?

A  You're not wearing that to the party*.

B  Mom! You don't have an eye for fashion.

A  You're impossible*. You look good in everything.

B  Please stop! You never take my side at all.

A 너 치마 길이가 너무 짧아.　B 그게 뭐 어쨌다는 거예요?　A 너 그 옷 입고 파티에 못
갈 거야.　B 엄마! 엄마는 패션 감각이 없어요.　A 못 말리겠네. 넌 아무거나 입어도 잘
어울려.　B 그만하세요! 내 편은 전혀 안 들어 주시잖아요.

---

**기타표현체크**

· way too+형용사　너무 ~하다　　　· wear sth to the party　~을 입고 파티에 가다
· You're impossible　넌 구제불능이야

# DAY 032

🎧 MP3 Day 032

# I stayed up all night

밤을 꼬박 새웠어

stay up은 '잠들지 않고 늦게까지 깨어 있다'라는 표현인데요, 새벽까지 공부하거나 아픈 사람을 간호하면서 뜬눈으로 지샐 때 사용하죠. '늦은 시간까지 깨어 있다'라는 표현은 stay up late라고 하면 됩니다.

• 유사표현 : I pulled an all-nighter

A  I had to stay up all night cramming* for the finals*.

B  Now it's party time. Live it up.

A  Is it OK if I invite someone to the party?

B  As long as it's not Henry. He's such a party pooper*.

A  OK. We might as well keep it a secret from him.

B  Come on! Let's get a move on!

A 기말고사 때문에 벼락치기 하느라 밤샜어.  B 이제 파티 할 때야. 맘껏 즐기자고.
A 다른 사람을 초대해도 괜찮을까?  B 헨리만 아니면 돼. 분위기 깨는 친구거든.
A 좋아. 걔한텐 비밀로 하는 게 낫겠다.  B 자! 어서 서둘러야지!

---

### 기타표현체크

• cram 벼락치기를 하다                    • the finals 기말고사
• party pooper 분위기 망치는 사람

# DAY 033

# **Watch your language**

## 말조심해

상대방이 말을 함부로 할 때 '말조심하세요.'라고 한마디 해 줘야겠죠.
Watch what you're saying. 또는 Watch your tongue.과 같
이 표현해도 됩니다. 친구나 손아랫사람에게는 간단히 Language!와
같이 말하기도 합니다.

• 유사표현 : Watch your mouth

A　Why did you hurt her feelings*?

B　I didn't mean to.

A　Watch your language and don't swear*
　　ever again.

B　I'm sorry. I'll keep that in mind.

A　How many times do I have to* tell you the
　　same thing?

B　I don't know what to say.

A 왜 그녀를 속상하게 했어?　B 일부러 그런 건 아니야.　A 말조심하고 다시는 욕하지
마.　B 미안해. 명심할게.　A 대체 몇 번이나 같은 얘길 해야겠니?　B 뭐라고 할 말이
없다.

---

### 기타표현체크

· hurt one's feelings　~의 감정을 상하게 하다　　· swear　욕을 하다
· How many times do I have to+동사원형?　대체 몇 번을 ~해야 하니?

# Don't even think about it
## 꿈도 꾸지 마

실현 가능성이 전혀 없는데 기대부터 잔뜩 하는 사람에게 쓰는 말입니다. '꿈도 야무져.' 또는 '김칫국 마시지 마라.'와 일맥상통하는 표현이 죠. '김칫국 마시지 마라.'는 **Don't count your chickens.**라고 합니다.

• 유사표현 : **In your dreams**

A Are you attracted to her?

B This is embarrassing, but I'm really into* her.

A **Don't even think about it.** She's out of your league*.

B Is she seeing someone?

A I'm sorry to say that she's already taken*.

B I'm just gonna ask her out. It won't hurt to try.

A 너 그녀에게 끌리는 거니? B 좀 창피하긴 한데 그녀에게 푹 빠졌어. A 꿈도 꾸지 마. 너한테 과분한 여자야. B 사귀는 사람이 있는 거야? A 안됐지만 벌써 임자가 있어. B 데이트 신청이나 해 봐야지. 손해 볼 건 없잖아.

---

**기타표현체크**

• be into sb/sth  ~에 빠지다/좋아하다       • out of one's league  ~에게 과분한
• already taken  이미 임자가 있는

# DAY 035

🎧 **MP3** Day 035

# My back is killing me
### 허리 아파 죽겠어

'~가 날 아프게 해'라는 표현을 'sth+be동사+killing me'라고 해요. Queen의 노래 중에 *Too much love will kill you*라는 제목이 있죠. '너무 깊은 사랑은 가슴 아프다'라는 의미의 표현입니다.

• 유사표현 : **My back hurts a lot**

A How long will it take to get the shopping done?

B I'm almost done*. It'll just take a second*.

A I've had it*. My back is killing me.

B You'd better go get some rest in the lounge.

A Two hours have passed in the blink of an eye.

B Cut me some slack, please.

A 쇼핑 끝나려면 얼마나 걸려?  B 거의 다 됐어. 얼마 안 걸릴 거야.  A 더 이상 못 참아. 허리 아파 죽겠어.  B 너 휴게실 가서 좀 쉬는 게 낫겠다.  A 두 시간이 눈 깜짝할 사이에 지났어.  B 내 사정 좀 봐줘.

---

### 기타표현체크

· **be almost done**  거의 다 했다
· **have had it (with sth)**  ~에 질리다
· **It'll take a second**  얼마 안 걸릴 거야

# DAY 036

🎧 **MP3** Day 036

# I'll see what I can do
## 제가 알아볼게요

누가 부탁을 했을 때 곧바로 대답하기 어려운 경우에 사용하는 표현입니다. '가능한지 알아보고 알려 주겠다.'라는 의미죠. 들어 주기 어려운 부탁은 바로 거절하는 것보다 이렇게 신중하게 대답하는 것도 좋습니다.

• 유사표현 : **Let me look into it**

A  Can you take out the garbage on your way out*?

B  No problem. I'll get it.

A  What are you planning to do after school?

B  I'm hanging out with my friends at the pizza place*.

A  My car broke down*. I need to get it fixed by tomorrow.

B  I'll see what I can do, but don't get your hopes up.

A 나가면서 쓰레기 좀 버려 줄래?　B 알았어요. 제가 버릴게요.　A 학교 수업 끝나고 뭐할 거니?　B 친구들하고 피자 가게에서 놀려고요.　A 내 차가 고장 났거든. 내일까지 고쳐야 해.　B 제가 알아볼게요. 너무 기대하진 마세요.

### 기타표현체크

• **on one's way out**  나가는 길에
• **break down**  (기계가) 고장 나다
• **pizza place**  피자 가게

🎧 **MP3 Day 037**

# DAY 037

# What took you so long?

## 왜 이렇게 늦었어?

'왜 그렇게 오래 걸렸어?'라는 말입니다. Why로 질문을 할 것 같지만 원어민들은 What으로 시작하는 표현을 즐겨 씁니다. '뭐가 그렇게 바빠?'라는 표현을 What makes you so busy?라고 말하는 것처럼 말이죠.

• 유사표현 : **Why were you so late?**

A  What took you so long?

B  I got stuck in traffic near the City Hall.

A  Traffic is heavy* at this time of day*.

B  I got caught speeding yesterday.

A  Nothing is working out for you these days.

B  I've been through a lot* in the past few weeks.

A 왜 이렇게 늦었어?  B 시청 근처에서 차가 엄청 막혔어.  A 하루 중 이 시간에는 교통이 혼잡해.  B 어제는 속도위반으로 단속에 걸렸다니까.  A 너 요즘 되는 일이 없구나. B 지난 몇 주간 많은 일을 겪었지.

---

**기타표현체크**

• traffic is heavy  차가 밀리다                    • at this time of day  하루 중 이 시간에
• be through a lot  많은 일을 겪다/경험하다

# DAY 038

## Anything good happen?

### 무슨 좋은 일 있어?

상대방의 표정이 좋아 보일 때 사용하는 표현입니다. Anything good을 응용하여 다양하게 표현할 수 있는데, '볼 만한 TV 프로그램 있어?'라고 물어볼 때에는 Anything good on TV?와 같이 말하면 됩니다.

• 유사표현 : Is there any good news?

A Anything good happen today?

B Wow! How could you tell*?

A It's written all over your face.

B My son got accepted to Harvard Business School.

A That's good news. You deserve to* take all the credit*.

B Thanks. Everything is under control.

A 오늘 무슨 좋은 일 있어요? B 왜! 그걸 어떻게 알았죠? A 당신 얼굴에 다 쓰여 있어요. B 우리 아들이 하버드 경영대에 합격했어요. A 좋은 소식이네요. 모두 당신 공이에요. B 고마워요. 모든 게 순조롭게 진행되고 있어요.

---

**기타표현체크**

· tell 알아차리다/구별하다　　　　　　　　· deserve to+동사원형 ~할 자격이 있다
· take the credit 공(업적)을 차지하다

🎧 **MP3** Day 039

# DAY 039

# It's coming up
## 얼마 안 남았어

기념일이나 중요한 날이 '얼마 남지 않았다'라고 말할 때 쓰는 표현이죠.
TV나 영화를 볼 때 다음 편이 '곧 상영됩니다.'라고 할 때 Coming
up이라는 표현을 들을 수 있습니다.

• 유사표현 : **It's just around the corner**

저자
강의

A Do you want insurance coverage*?

B Yes. I don't want to take a big risk.

A When is your baby due anyway?

B It's coming up*. It's about 3 months away.

A Let's get together for lunch sometime.

B Sounds like a plan.

A 보험 들려고요? B 네. 큰 위험을 감수하고 싶지 않아요. A 그나저나 출산 예정일이
언제예요? B 곧 다가와요. 3개월 정도 남았어요. A 언제 만나서 점심 식사 한번 해요.
B 좋은 생각이에요.

---

**기타표현체크**

· insurance coverage  보험

· sth is coming up  곧 ~가 다가온다

DAY
040

🎧 MP3 Day 040

# Let me out over there
## 저기서 내려 줘

let me out은 '안에서 밖으로 내보내 주다'라는 의미이지만 '차에서 내려 주다'라는 표현으로도 사용됩니다. 반면에 문 밖에서 안으로 '들여 보내 주세요.'는 Please let me in.이라고 합니다.

• 유사표현 : **Drop me off over there**

A  Please take me to* this address.

B  Sure. If it's all right, I'd like to take a short cut*.

A  That's fine, but please step on it.

B  It'll take 20 minutes at this time*.

A  Could you let me out over there?

B  All right. Here we are. Enjoy your stay.

A 이 주소로 가 주세요.  B 네. 괜찮으시면 지름길로 갈게요.  A 좋아요, 하지만 빨리 가 주세요.  B 이 시간에는 20분 정도 걸립니다.  A 저기에서 내려 주시겠어요?  B 자, 다 왔습니다. 즐거운 시간 되세요.

---

### 기타표현체크

• take sb to+장소 ~를 …로 데려가다
• at this time 지금 시간에는
• take a short cut 지름길로 가다

DAY **041**

🎧 **MP3 Day 041**

# She was upset

## 그녀가 화났어

upset은 누군가에게 속상하거나 화가 났을 때 사용하는 표현입니다. '화가 나다'라는 의미로 lose one's temper, blow one's top과 같은 표현도 사용할 수 있습니다.

• 유사표현 : **She was mad**

A Why does she look so sad?

B Probably because I made fun of her, so she was upset*.

A What did you say?

B Gold digger*. That's what people say.

A I think you've got her wrong.

B I think I'm gonna call her back and apologize*.

A 그녀가 왜 슬퍼 보이지?　B 내가 놀려서 화난 것 같아.　A 뭐라고 했는데?　B 돈만 밝힌다고. 사람들이 그러던데.　A 네가 그녈 오해한 것 같아.　B 그녀에게 다시 전화해서 사과해야겠다.

---

**기타표현체크**

· be upset 화가 나다
· apologize 사과하다

· gold digger 돈 많은 남자를 쫓는 여자

# DAY 042

# You're all talk

넌 늘 말뿐이야

행동은 안하고 늘 말뿐인 사람에게 사용하면 좋은 표현입니다. 유사한 의미로 You're all talk and no action.과 같이 말하거나 '말은 쉽지.'라고 말할 때는 It's easy for you to say.와 같이 표현합니다.

• 유사표현 : **You only play lip service**

저자 강의

A  Wow! Your English score went up*.

B  I wasn't sure about* a few questions, so I took a guess.

A  How did you get such a great score?

B  The key is to* put everything aside and study.

A  I tried everything, but nothing worked.

B  That's hard to believe. You're all talk.

A 와! 네 영어 점수가 올라갔네.  B 몇 문제는 잘 몰라서 대충 찍었어.  A 어떻게 그렇게 좋은 점수를 받았어?  B 비결은 만사를 제쳐 두고 공부하는 거지.  A 열심히 했는데 결과가 안 좋아.  B 믿을 수 없어. 넌 항상 말뿐이잖아.

---

### 기타표현체크

• go up (점수, 가격이) 오르다 • be not sure about sth ~에 대해 잘 모르겠다

• The key is to+동사원형 비결은 ~하는 것이다

# DAY 043

# I go along with that
동의해요

상대의 의견에 동의하는 표현으로 '함께 가다', '당신 편이다'와 같이 말할 수 있는데요, I'm with you., I'm on your side.와 같이 표현하면 보다 구어체다운 느낌을 전달할 수 있습니다.

• 유사표현 : I agree with you

A Are you learning English these days?

B I just started. I think it'll help with* my future.

A It'll probably take a while before you get fluent.

B Now that you mention it, I'm getting cold feet.

A No worries*. They say "Well begun is half done*."

B I go along with that.

A 너 요즘 영어 배우고 있니?   B 이제 시작했어. 미래에 도움이 될까 해서.   A 유창해지려면 시간이 좀 걸릴 거야.   B 그렇게 말하니까 좀 두려워지는데.   A 걱정 마. 시작이 반이라는 말도 있잖아.   B 그 말에 동감이야.

---

**기타표현체크**

· help with sth  ~에 도움을 주다         · No worries  걱정하지 마
· Well begun is half done  시작이 반이다

# DAY 044

🎧 MP3 Day 044

# I'm sick of this
## 완전 질렸어

무언가에 지겹거나 진절머리가 날 때 사용하는 표현입니다. '생각만 해도 지긋지긋해.'는 Just thinking of it makes me sick.과 같이 말하면 됩니다.

• 유사표현 : I'm sick and tired of this

A  Why the upset tone in your voice?

B  Our wedding photos are all messed up*.

A  Good thing we didn't pay for* it yet.

B  I chose this studio because I heard it was popular.

A  You must have really freaked out.

B  I'm sick of complaining about* this.

A 왜 화난 목소리야?   B 우리 웨딩 사진이 엉망이 됐어.   A 아직 결제를 안 해 줘서 다행이야.   B 이 스튜디오가 인기 있다고 해서 선택한 건데.   A 너 정말로 기겁했나 보구나.   B 이런 걸로 불평하는 거 질렸어.

## 기타표현체크

• be messed up  망치다/엉망이 되다          • pay for sth  ~에 대해 지불하다
• complain about sth  ~에 대해 불평하다

**DAY 045**

# What brings you here?

### 여긴 어쩐 일이야?

어떤 장소에서 아는 사람을 만났을 때 무슨 용무로 왔는지 묻는 표현이죠. bring 대신에 과거형을 사용해서 **What brought you here?** 와 같이 말해도 됩니다.

• 유사표현 : **What are you doing here?**

---

A  What brings you here?

B  I was in the neighborhood and came by*.

A  Great. I'm so glad you came here.

B  I'm starving*. Have you had lunch?

A  No. Let's go grab a bite to eat.

B  Do you have a favorite hangout* around here?

A 여긴 어쩐 일이세요?  B 근처에 왔다가 들렀어요.  A 잘했어요. 방문해 줘서 기뻐요.
B 배가 많이 고픈데 점심은 드셨어요?  A 아뇨. 나가서 간단히 뭐 좀 먹죠.  B 근처에
자주 다니시는 데 있나요?

---

**기타표현체크**

· **come by**  잠시 들르다                              · **starving**  몹시 배고픈
· **favorite hangout**  단골집/자주 가는 곳

# How did it go?
### 어떻게 됐어?

동사 go는 '어떤 일이나 상황이 진행되다'라는 의미를 갖고 있죠. '요즘 하는 일 어때?'는 How is it going? 또한, 상황이 어떻게 되어 가는지 물을 때 What's going on?과 같이 표현할 수 있습니다.

• 유사표현 : How was it?

A  When was the last time you got a medical checkup?

B  Two months ago. I get it at my company every year.

A  How did it go this time?

B  Not good. My blood pressure* went up* a bit.

A  You've been under a lot of stress lately.

B  I should take good care of* my health.

A 마지막으로 건강검진 한 게 언제죠?   B 2개월 전에요. 매년 회사에서 받아요.
A 이번에 결과가 어떻게 나왔어요?   B 좋진 않아요. 혈압이 조금 올라갔어요.   A 최근에 스트레스를 많이 받았잖아요.   B 건강을 더 각별히 돌봐야겠어요.

---

### 기타표현체크

• blood pressure  혈압                          • go up  (수치, 혈압이) 올라가다
• take good care of sb/sth  ~을 각별히 보살피다

# DAY 047

# Math's not my thing
## 수학은 싫어

'~를 싫어하다' 또는 '취향이 아니다'라는 뜻의 표현입니다. '그녀는 내 취향이 아니야.'와 같이 사람이 대상일 때는 She is not my type.과 같이 말할 수 있고, 사물인 경우 Music is not my taste.(난 음악은 별로야.)처럼 표현할 수도 있습니다.

• 유사표현 : It's not my cup of tea

저자
강의

A  Can you help me with* my math homework?

B  Sorry, I can't. My hands are full.

A  Math tests are not what they used to be.

B  What can I say?* You have to get used to* it.

A  Math is not my thing, but English is my favorite.

B  If so, you should play to your strengths.

A 내 수학 숙제 좀 도와줄 수 있어?  B 미안하지만 안 되겠어. 지금 좀 바빠.  A 수학 시험이 예전 같지 않은데.  B 어쩌겠어? 적응하는 수밖에 없지.  A 수학은 나하고 안 맞아. 영어는 좋아하는데.  B 그렇다면, 네 강점을 살려 봐.

---

**기타표현체크**

• help sb with+명사  ~가 …하는 것을 돕다
• get used to+(동)명사  ~에 익숙해지다

• What can I say?  [체념] 어쩌겠어요?

# DAY 048
# I can't take it anymore
## 더 이상 못 참아

인내력이 다해서 더 이상 참기 힘들 때 하는 말이죠. '이제 그만 좀 해.'
라는 의미의 표현으로 Enough is enough., '이게 마지막이야.'라는
뜻으로 This is the last straw.와 같이 표현하기도 합니다.

• 유사표현 : I can't stand it

A My stomach feels heavy* from indigestion.

B You shouldn't have eaten* so much at the buffet.

A You talked me into going there.

B Don't blame me for your eating too much.

A I need to go on a diet* or something.

B I can't take it anymore. I hate the way you talk.

A 소화가 안 돼서 속이 더부룩해. B 뷔페에서 너무 많이 먹지 말아야 했어. A 네가 가자고 해서 간 거잖아. B 네가 과식한 걸 내 탓으로 돌리지 마. A 다이어트라도 하던지 해야겠다. B 더 이상 못 참겠어. 네 말투가 정말 싫어.

---

### 기타표현체크

• one's stomach feels heavy 속이 더부룩하다
• shouldn't have p.p. ~하지 말았어야 했어 • go on a diet 다이어트하다

# I'm freezing to death
## 추워 죽겠어

'be동사+형용사+to death'는 '~해서 죽겠다'라는 강조의 표현입니다. '무서워 죽겠다.'는 I'm scared to death., '피곤해 죽겠어.'는 I'm tired to death.. '걱정돼 죽겠어.'는 I'm worried to death. 와 같이 말할 수 있습니다.

• 유사표현 : **It's biting cold**

A  Look at this. I've got goose bumps all over.

B  It's getting pretty chilly* in the morning.

A  I'm freezing to death. You should bundle up when going out.

B  I had an accident dozing off behind the wheel*.

A  Oh, no. Were you hurt?

B  Fortunately, it was just a fender-bender*.

A 이것 좀 봐. 온몸에 소름이 돋았어.   B 아침 날씨가 점점 쌀쌀해지고 있어.   A 추워 죽겠다. 외출할 때 좀 든든하게 입어.   B 졸음운전 하다가 교통사고 났어.   A 저런. 다친 데는 없어?   B 다행히 경미한 접촉 사고였어.

---

**기타표현체크**

• chilly  (날씨가) 쌀쌀한
• a fender-bender  (경미한) 접촉 사고
• behind the wheel  운전 중인

# DAY 050

# Hold on, please
잠시만요

사무실에 온 전화를 바꿔 줄 때 '잠시만요.'라고 하면서 기다려 달라는 표현입니다. Hold the line. 또는 Just a moment.와 같이 말하거나 '잠시만요, 그분 바꿔 드릴게요.'라고 할 때는 Hold on and I'll get him.과 같이 말하면 됩니다.

• 유사표현 : Just a second, please

A Hello, Customer Service, Brown speaking.

B This is Tom. Is Mr. Robinson available?

A Hold on, please. He's stepped out for a moment.

B It's so hard to reach him. He was out of town last time.

A I'll tell him to get back to you* when he gets in*.

B It's almost lunch time. Maybe he's out to lunch*.

A 안녕하세요. 고객 관리부 브라운입니다.  B 톰이라고 합니다. 로빈슨 씨 계신가요?
A 잠시만 기다려 주세요. 잠깐 자리를 비우셨어요.  B 통화하기 어렵군요. 지난번엔 출장 가셨던데요.  A 들어오시면 전화 드리라고 말씀드릴게요.  B 점심 시간이 다 됐네요. 식사하러 가셨나 봐요.

---

**기타표현체크**

· get back to sb  ~에게 회신 전화하다     · get in  (사무실에) 들어오다
· be out to lunch  점심 먹으러 외출했다

DAY
**051**

🎧 **MP3 Day 051**

☐ MP3 듣기　☐ 저자강의 듣기　☐ 암기 완료

# Act your age!
## 나잇값 좀 해!

철없이 행동하는 사람에게 충고하는 말이죠. '철 좀 들어!', '나잇값 좀 해!'라는 뜻의 표현입니다. '어린애 같이 굴지 마.'라는 의미로 Don't be silly. 또는 Don't be a child.와 같이 말해도 됩니다.

• 유사표현 : Grow up!

저자
강의

A　What's up? You look exhausted.

B　I've been hooked on* video games for the last few days.

A　How old are you? You should act your age.

B　Look who's talking. Mind your own business.

A　Don't lecture* me. I'll kick your ass*.

B　OK. Let's just come to our senses.

A 무슨 일 있어? 너 피곤해 보인다.　B 요 며칠 비디오 게임에 빠져 있어서 그래.
A 너 몇 살이냐? 나잇값 좀 해라.　B 사돈 남 말 하시네. 너나 잘해.　A 잔소리 좀 그만
해. 혼날 줄 알아.　B 알았어. 우리 둘 다 정신 좀 차리자.

---

**기타표현체크**

• be hooked on sth　～에 중독되어 있다　• lecture　설교하다. 잔소리하다
• kick one's ass　～를 혼내 주다

# DAY 052

# Knock it off!

## 그만 좀 해!

화가 나서 상대방에게 어떤 말이나 행동을 그만두라고 할 때 쓰는 말입니다. 조금 직설적이고 거친 표현이죠. 유사한 의미로 Cut it out! 또는 That's enough!와 같이 말하기도 합니다.

• 유사표현 : Enough is enough!

A The iPad5 is coming out* next month.

B Wow! I have to wait in line from early morning.

A Since when did you get interested in the latest gadgets?

B I keep up with* trends. I wasn't born yesterday.

A No offense, but* you barely know how to use smart phones.

B Knock it off!* You don't have to rub it in.

A 아이패드5가 다음 달에 출시된대.  B 왜! 아침 일찍부터 줄 서서 기다려야겠다.
A 언제부터 최신기기에 관심을 가졌니?  B 난 유행을 따라가고 있어. 나도 알 건 다 알아.  A 악의는 없지만, 너 스마트폰 사용법도 잘 모르잖아.  B 그만 좀 해! 아픈 데 좀 건드리지 마.

---

### 기타표현체크

· come out (제품 등이) 출시되다
· No offense, but 기분 나쁘게 하려는 건 아닌데

· keep up with sth ~을 따라가다
· Knock it off! 그만 좀 해!

**DAY 053**

🎧 **MP3** Day 053

# I don't buy it

## 믿을 수 없어

buy는 '구입하다' 외에 '믿다'라는 의미로도 사용됩니다. 눈앞의 상황을 보거나 듣고도 믿지 못할 때 I can't believe my eyes[ears].와 같이 말하기도 하고, '너무 좋아서 믿기지 않아.'는 That's too good to be true.라고 표현합니다.

• 유사표현 : I can't believe it

A   You'll never guess what happened last night.

B   What? She stood you up* or what?

A   Exactly. Don't you think she plays hard to get*?

B   I'm sure she really likes to play the field.

A   According to rumors, she has feelings for you.

B   I don't buy it*. I have a lot on my mind.

A 어젯밤 무슨 일이 있었는지 상상도 못할걸.   B 원데? 그녀에게 바람이라도 맞은 거야?   A 맞아. 걔 너무 튕기는 거 같지 않아?   B 확실히 걔는 여러 사람과 사귀는 걸 좋아해.   A 소문에 걔가 너한테 마음이 있다고 하던데.   B 믿기질 않아. 머릿속이 복잡해진다.

---

**기타표현체크**

· **stand sb up** ～를 바람맞히다

· **don't buy it** 믿지 못하다

· **play hard to get** 튕기다/까다롭게 굴다

# DAY 054

# I'm not picky about food

### 난 뭐든 잘 먹어

be picky about sth은 '~에 대해 까다롭다'라는 뜻인데요, 식성이 까다롭다고 할 때 He is a picky[finicky] eater.와 같이 말하기도 합니다.

• 유사표현 : I'm not a picky eater

A How old do I look?

B Well, I thought you're in your mid-30s*.

A Actually, I'm pushing 40*.

B Really? You look young for your age.

A Thanks. I get that a lot*. What are you up for?

B Anything. I'm not picky about food.

A 제가 몇 살처럼 보여요?   B 글쎄요. 30대 중반이라고 생각했어요.   A 사실은 곧 40 이 됩니다.   B 정말요? 나이에 비해 동안이세요.   A 고마워요. 그런 말 많이 들어요. 뭐 드실래요?   B 뭐든지 좋아요. 음식은 안 가려요.

---

## 기타표현체크

· be in one's mid-30s   30대 중반이다       · be pushing 40   곧 40세가 되다

· get that a lot   그런 말 많이 듣는다

DAY
055

🎧 **MP3** Day 055

☐ MP3 듣기  ☐ 저자강의 듣기  ☐ 암기 완료

# He has gone for the day
**그는 퇴근했어요**

현재완료는 과거에 완료된 내용이 현재까지 영향을 미치고 있을 때 사용하죠. '퇴근해서 사무실에 없다'라는 내용을 의미합니다. for the day 는 '오늘은 이제 그만'이라는 뜻입니다.

• 유사표현 : He has left for the day

A Is Jason off* today? He's not answering the phone.

B He has gone for the day for a family emergency*.

A Thank you for the information.

B I'm in charge of this project, so you can tell me.

A Sorry to bother you, but can you do me a favor?

B Sure thing*. What do you need?

A 오늘 제이슨 휴무인가요? 전화를 안 받네요.  B 집에 급한 일이 생겨서 퇴근하셨어요.
A 알려 줘서 고마워요.  B 제가 프로젝트 책임자니까 저한테 말씀하세요.  A 귀찮게 해서 죄송한데, 부탁 하나 들어 주실래요?  B 물론이죠. 뭐가 필요하신가요?

---

**기타표현체크**

• be off  휴무이다
• Sure thing  물론이죠

• family emergency  급한 집안일

# DAY 056

# **Make it on time**

제시간에 와

make it은 '성공하다' 또는 '시간에 맞춰 가다'라는 뜻으로 자주 사용됩니다. 약속 장소에 '제시간에 도착하다'라는 의미를 전달할 때 주로 사용됩니다. '못 갈 것 같아요.'는 I'm afraid I can't make it.과 같이 말하면 됩니다.

• 유사표현 : **Don't be late**

저자 강의

A Wake up, sleepyhead*! You sleep in* every day.

B I tossed and turned all night. I couldn't sleep a wink.

A I'm wondering if you can make it on time for school.

B I'm in the middle of* washing my hair already.

A You're the black sheep* of our family.

B Come on. I just forgot to set the alarm.

A 잠꾸러기야. 일어나! 매일 늦잠 자는구나. B 밤새 뒤척이느라 한숨도 못 잤어요. A 학교에 제시간에 갈 수 있을지 모르겠다. B 나 벌써 머리 감고 있거든요. A 넌 우리 집의 골칫덩어리야. B 왜 그래요. 알람 맞추는 걸 깜빡했어요.

---

## 기타표현체크

· sleepyhead 잠꾸러기
· be in the middle of+(동)명사 ~하는 중이다

· sleep in (일부러) 늦잠 자다
· black sheep 골칫덩어리

# DAY 057

🎧 **MP3** Day 057

# You go by the book

## 원칙대로 하네

go by the book은 '책대로 하다' 또는 '원칙대로 하다'라는 뜻인데요, do by the book이라고도 합니다. 반면에 '요령을 피우다', '규칙을 어기다'라는 의미는 cut corners, bend the rules와 같이 표현합니다.

• 유사표현 : **You play by the rules**

---

A   I'm really out of shape*. I keep on gaining weight*.

B   Speaking of which, I've started working out* at the gym.

A   Really? Maybe I should go on a crash diet*.

B   Starving is not helpful. You should go by the book.

A   Well, I don't know where to start.

B   Play it safe, start by joining the gym.

---

A 몸매가 망가졌어. 체중도 계속 늘어나고 있어.   B 얘기가 나와서 말인데, 나 헬스장에서 운동 시작했어.   A 정말? 나도 속성 다이어트를 해야겠다.   B 굶는 건 도움이 안 돼. 원칙대로 해야 해.   A 어디서부터 시작해야 할지 모르겠어.   B 신중하게 헬스클럽 다니는 것부터 시작해.

## 기타표현체크

• **be out of shape** 몸매가 망가지다/건강이 좋지 않다
• **gain[lose] weight** 체중이 늘다[줄다]    • **work out** 운동하다
• **go on a crash diet** 속성 다이어트를 하다

## DAY 058

🎧 MP3 Day 058

☐ MP3 듣기  ☐ 저자강의 듣기  ☐ 암기 완료

# What's bothering you?

무슨 고민 있어?

'널 괴롭히는 게 뭐야?'라는 뜻이죠. 상대방의 표정이 심각해 보일 때 걱정스럽게 물어보는 표현입니다. '무슨 일 있어요?'라고 물을 때 **What's wrong?** 또는 **Are you all right?**과 같이 말해도 됩니다.

• 유사표현 : **What's eating you?**

저자
강의

A You look worried. What's bothering you?

B I think I'm feeling a little left out at work.

A Don't be frustrated. Time heals all wounds.

B Will you back me up when I talk in the meeting?

A Don't worry. It's nothing<sup>*</sup>.

B I can't thank you enough<sup>*</sup>.

A 너 걱정 있어 보여. 무슨 고민 있어?  B 회사에서 소외감을 좀 느끼는 것 같아.
A 좌절하지 마. 시간이 해결해 줄 거야.  B 회의 시간에 내가 얘기하면 맞장구 좀 쳐 줄래?  A 걱정 마. 별거 아니지.  B 정말 고마워.

---

**기타표현체크**

• It's nothing  별거 아니야

• I can't thank you enough  정말 고마워

🎧 **MP3** Day 059

# DAY 059

# I think I'll pass
**사양할게요**

상대방의 권유를 사양할 때 쓰는 표현이죠. 예를 들어 친구가 술 마시자고 조를 때 '오늘은 좀 곤란해.'와 같이 거절하면서 사용합니다. Sorry, but I can't.와 같이 말해도 됩니다.

• 유사표현 : **Thanks, but no thanks**

A How about a little hair of the dog*?

B Sorry, but I think I'll pass tonight.

A You promised to treat this time. You have a lot of nerve.

B Something urgent came up suddenly.

A You're so cheap* and unreliable*.

B Sorry. I have a sore throat. Let's go out next week.

A 해장술 한잔 어때? B 미안한데, 오늘 저녁은 사양할게. A 이번에 네가 사기로 했잖아. 참 뻔뻔하군. B 갑자기 급한 일이 좀 생겼거든. A 넌 정말 치사하고 믿을 수가 없어. B 미안. 목이 아파서 그래. 다음 주에 하자.

---

**기타표현체크**

• hair of the dog  해장술
• unreliable  믿을 수 없는

• cheap  인색한/치사한

## DAY 060

🎧 **MP3** Day 060

# I'm between jobs
### 구직 중이야

직업이 없는 상태는 be out of work와 같이 표현하고, '일자리를 찾고 있다'라는 의미는 be (in) between jobs와 같이 말합니다. '요즘 취업 준비 중이에요.'는 I'm job hunting these days.라고 말해도 됩니다.

• 유사표현 : I'm looking for a job

A I haven't seen you around* for a while.

B I'm between jobs. So I've been lying low.

A Don't work too hard and take your time.

B It's like beating my head against the wall.

A I think you're kind of a late bloomer*.

B Thanks, I'm so flattered*.

A 요즘 얼굴 보기 힘들구나.　B 구직 중이야. 그래서 두문불출했어.　A 너무 무리는 하지 말고 쉬엄쉬엄 해.　B 마치 맨땅에 헤딩하는 기분이야　A 난 네가 대기만성형이라고 생각해.　B 고마워. 너무 과찬인데.

---

**기타표현체크**

• haven't seen sb around　요즘 못 봤다
• I'm flattered　과찬이세요
• late bloomer　대기만성형

# DAY 061

# You're on the right track

넌 잘하고 있어

'올바른 방향으로 가고 있다.'라는 의미로 '잘하고 있다'는 표현입니다.
You're doing well.과 같이 말해도 되고, 반대로 '잘못하고 있어.'는
You're on the wrong track.이라고 하면 됩니다.

• 유사표현 : **You're doing great**

A  Christmas is just around the corner*.

B  I can't believe it's already the end of the year*.

A  I deeply reflect on myself at this time of the year*.

B  Come on. You're on the right track.

A  From now on, I'll try not to live in the past.

B  OK, but you should take responsibility for your past.

A 크리스마스가 코앞으로 다가왔어.  B 벌써 연말이라니 믿을 수가 없어.  A 일 년 중
이맘때면 나 자신을 깊이 반성하게 돼.  B 무슨 소리야. 넌 잘하고 있어.  A 지금부턴 과
거에 연연하지 않고 살려고 해.  B 그래, 하지만 자신의 과거에 책임을 져야 하지.

---

## 기타표현체크

· be just around the corner  ~이 코앞으로 다가오다   · the end of the year  연말
· at this time of the year  일 년 중 이맘때

# DAY 062

# It tastes funny
**맛이 이상해**

음식이나 우유 등이 '맛이 갔다'라고 말할 때 쓰는 표현이에요. funny 가 '웃기다' 또는 '이상하다'와 같이 상반된 뜻을 가지고 있는데, 농담을 하는 사람에게 You're funny.라고 말하면 '재미있다.'라는 의미도 되고 반대로 '썰렁하다.'라는 의미도 됩니다.

• 유사표현 : **It doesn't taste right**

A Dinner is ready. Come and get it!*

B I'll skip my dinner. I lost my appetite.

A You shouldn't have snacked* before a meal.

B Mom, I think this soup tastes funny*.

A OK, fine. Have it your way.

B May I be excused?

A 저녁 준비됐다. 와서 밥 먹어라!  B 전 저녁 안 먹을래요. 입맛이 없어요.  A 식전에
군것질하지 말았어야지.  B 엄마, 수프 맛이 이상한 것 같아요.  A 알았다. 좋을 대로 해.
B 먼저 일어나도 되죠?

---

**기타표현체크**

· come and get it!  와서 밥 먹어라!          · snack  군것질하다
· taste funny  맛이 이상하다

# DAY 063

# Save my seat
자리 잡아 놔

'자리를 잡아 주다'라는 표현입니다. 자리에 사람은 없고 물건만 놓여 있을 때 '여기 자리 주인 있나요?'라는 의미로 Is this seat taken? 또는 Is someone sitting here?와 같이 말할 수 있습니다.

• 유사표현 : **Keep a seat for me**

A The tickets are almost sold out.

B I want seats in the middle. I hate sitting on the sides*.

A Do you want some popcorn or drinks?

B Sure. The show*'s about to* start. Let's get in.

A Nature calls me. Save my seat.

B OK. I need to put my phone on vibrate.

A 표가 거의 다 매진되었네.   B 가운데 자리로 해. 가장자리는 싫어.   A 팝콘이나 음료수 먹을래?   B 물론이지. 영화 시작한다. 들어가자.   A 화장실 다녀올게. 내 자리 잡아 놔.   B 알았어. 휴대폰 진동으로 바꿔야겠다.

---

**기타표현체크**

• **sit on the sides**  가장자리에 앉다
• **be about to+동사원형**  막 ~하려고 하다
• **the show**  영화/공연/TV프로그램

# DAY 064

# It's worth visiting

## 가 볼 만해

뭔가 추천할 때 사용하면 좋은 표현이죠. 영화를 먼저 본 친구가 '그 영화 볼 만해.'라고 추천한다면 That movie is worth seeing.이라고 말하면 됩니다. '해 볼 만해.'는 It's worth a try.와 같이 말할 수 있습니다.

• 유사표현 : **That's worth a visit**

A Have you ever been to that new family restaurant?

B No. Do you think it's worth visiting?

A Absolutely!* You'll be sorry if you miss that place.

B How did you learn of it*?

A By word of mouth*. A friend of mine told me.

B What was the name of that place?

A 새로 개업한 패밀리 레스토랑 가 봤어?　B 아니. 가 볼 만한 곳이야?　A 당연하지.
안 가 보면 후회할걸.　B 거긴 어떻게 알았어?　A 입소문으로 알았지. 친구가 말해 줬어.
B 식당 이름이 뭐라고 했지?

---

**기타표현체크**

• **Absolutely!** 물론이지!
• **by word of mouth** 입소문으로

• **learn of sth** ~에 대해 들어서 알다

# DAY 065

# The game ended in a tie

## 무승부로 끝났어

스포츠 경기에서 '무승부로 끝나다'라고 말할 때 쓰는 표현입니다. 정말 흥미진진한 경기는 막상막하일 때죠. '박빙이었다.'라는 의미로 It was a close game. 또는 It was neck and neck.과 같이 표현하기도 합니다.

• 유사표현 : **The match ended in a draw**

A I'm really crazy about* soccer lately.

B Which team are you rooting for?

A Chelsea. They came from behind and won 3 to 1* today.

B I guess your team is on a winning streak.

A Yeah. That's the ninth win in a row* already.

B My team's game ended in a tie.

A 나 요즘 축구 경기에 완전히 빠졌어.   B 어느 팀을 응원하는데?   A 첼시야. 오늘은 역전해서 3:1로 이겼어.   B 너희 팀이 승승장구 하고 있나 보구나.   A 그래. 벌써 9연승째야.   B 우리 팀은 무승부로 끝났어.

---

### 기타표현체크

• be crazy about sth  ~을 매우 좋아하다
• ninth win[loss] in a row  9연승[연패]
• win 3 to 1  3대1로 이기다

**DAY 066**

🎧 MP3 Day 066

☐ MP3 듣기　☐ 저자강의 듣기　☐ 암기 완료

# Hang in there
## 조금만 참아

> '참고 버티다'라는 뜻의 표현입니다. 상대방이 안부를 물을 때 '그럭저럭 버티며 살고 있어.'라는 의미로 I'm hanging in there.와 같이 말합니다.

• 유사표현 : **Just tough it out**

A  How long does it take to reach the top?

B  We're almost there*. Just hang in there.

A  I can't go any further. I'm feeling a little queasy.

B  OK. Let's get some rest and catch our breath*.

A  Just a minute. I need to tie my shoes*.

B  You're breaking in your new shoes.

A 산 정상까지 가는 데 얼마나 걸려요?　B 거의 다 왔어요. 조금만 참아요.　A 더 못 가겠어요. 속이 울렁거려요.　B 좋아요. 잠시 쉬면서 숨 좀 돌리죠.　A 잠깐만요. 신발 끈 좀 묶을게요.　B 새 신발을 길들이고 있군요.

---

**기타표현체크**

• be almost there　거의 다 왔다
• tie one's shoes　신발 끈을 매다
• catch one's breath　한숨 돌리다

# DAY 067

# **I ran into her**
## 걔를 우연히 만났어

run into는 '우연히 만나다'라는 뜻인데요, meet by chance 또는 come across와 같이 표현하기도 합니다. I met her by chance. 또는 I came across an old friend.와 같이 말하면 되겠죠.

• 유사표현 : **I bumped into her**

A I ran into my ex-girlfriend on the street yesterday.

B Wow! Don't tell me you chickened out*.

A I almost sprained my ankle while stepping backwards*.

B You should take your mind off her.

A Yeah. I think it's time to pull myself together*.

B Don't worry. I think you can manage.

A 어제 길에서 예전 여자 친구와 마주쳤어.  B 와우! 설마 겁먹고 도망친 건 아니지?
A 뒷걸음치다 발목을 삐끗할 뻔했어.  B 이제 그만 그녀를 잊어버려.  A 그래. 이젠 정신 차릴 때도 됐지.  B 걱정 마. 넌 잘 할 수 있을 거야.

---

### 기타표현체크

· chicken out (겁먹고) 물러서다
· pull oneself together 마음을 잡다
· step backwards 뒷걸음치다

# DAY 068

🎧 MP3 Day 068

# Sorry to hear that
안됐구나

안 좋은 소식을 들었을 때 '안타깝네요.'하며 유감을 나타내는 표현입니다. 지인의 부고를 듣고 애도의 표현으로도 사용할 수 있습니다. '아쉽다' 또는 '유감이다'라는 의미로 That's a shame.과 같이 말하기도 합니다.

• 유사표현 : That's too bad

A She has a big mouth. She can't keep a secret.

B That's why* you give her the cold shoulder, right?

A What would you do if you were in my shoes?

B Well, I haven't given it a lot of thought*.

A Anyway, she's kind of a pain in the neck.

B I'm sorry to hear that*.

A 그녀는 입이 가벼워. 비밀을 안 지키거든.  B 그래서 네가 그녀에게 쌀쌀맞게 대하는구나.  A 네가 내 입장이라면 어떻게 할 것 같아?  B 글쎄, 생각을 많이 안 해봤는데.  A 어쨌든, 그녀는 정말 골칫거리야.  B 정말 안됐구나.

## 기타표현체크

• That's why+주어+동사  그래서 ~하는구나
• give it a (serious) thought  (신중히) 생각해 보다
• (I'm) Sorry to hear that  (들으니) 유감이다

# DAY 069

# You have a minute?
### 시간 좀 있어?

누구에게 용건이 있을 때 '시간 좀 있어요?'라고 묻는 표현입니다. Do you have a minute?, You got a minute?이라고도 합니다. 상대방의 대화에 끼어들어 '자리 좀 비켜 줄래요?'라고 할 경우 Can you give us a minute?과 같이 말합니다.

• 유사표현 : **You got a second?**

A  Sorry for disturbing you on your day off*.

B  Please make it short. I can't talk long.

A  I'm calling to ask you for your advice. You have a minute?

B  It's a bad time. Actually, I have company* now.

A  OK. Please let me know if you can free up some time.

B  How about if* we meet in about an hour?

A 쉬는 날 귀찮게 해 드려 죄송해요.  B 짧게 해 주세요. 길게 통화 못해요.  A 조언 좀 구하려고 전화 드렸어요. 시간 좀 있으세요?  B 지금은 좀 곤란해요. 사실 지금 손님이 있거든요.  A 알았어요. 시간이 되실 때 알려 주세요.  B 한 시간쯤 후에 만나는 건 어때요?

---

**기타표현체크**

· **on one's day off**  쉬는 날에                    · **have company**  손님이 있다
· **How about (if) + 주어 + 동사?**  ~하는 게 어때요?

# Let's split the bill
나눠서 내자

음식값을 '나눠서 내자'라고 말할 때 쓰는 표현입니다. 직역하면 계산서를 사람 숫자만큼 찢어서 분담한다는 뜻이죠. '계산서 주세요.'라고 할 때는 Check[Bill], please.와 같이 말하면 됩니다.

• 유사표현 : Let's go dutch

저자
강의

A  I think I'm on a tight budget today.

B  You paid last time, so it's my turn*.

A  If you insist, why don't we split the bill?

B  Sure. Let's chip in about five dollars each.

A  OK. Here you go*. Can I have a doggy bag, please?

B  Excuse me, but would you call a designated driver*?

A 오늘 예산이 좀 빠듯한 것 같아.  B 저번에 네가 계산했으니까 내 차례야.  A 정 그렇다면, 각자 나눠 내는 건 어때?  B 좋아. 5달러 정도씩 걷자.  A 그래. 여기 있어. 남은 음식 좀 싸 주실래요?  B 실례지만, 대리운전 좀 불러 주실래요?

## 기타표현체크

• It's one's turn  ~의 차례다
• designated driver  대리운전 기사
• Here you go  여기 있어요

# DAY 071

# I'm not much of a talker

## 난 말주변이 없어

'be동사+not much of a+명사'는 '~을 잘 못해요'라고 말할 때 쓰는 표현입니다. '노래 잘 못해요.'는 I'm not much of a singer., '그림 잘 못 그려요.'는 I'm not much of an artist.와 같이 말할 수 있습니다.

• 유사표현 : **I'm not good with words**

---

A I think I have a crush on Kate.

B Rumor has it* she's taken. But why not give it a try?

A I can't work up the courage. I'm not much of a talker.

B Don't be so hard on yourself. You're a nice guy.

A Just between you and me*, I'll try to pick her up.

B That's the spirit!* I'll keep my fingers crossed*.

A 나 케이트한테 반한 것 같아.  B 소문에 임자가 있다던데. 시도는 한 번 해 봐.
A 용기를 낼 수가 없어. 난 말주변도 없잖아.  B 너무 자책하지 마. 넌 괜찮은 녀석이야.
A 우리끼리 비밀인데, 그녀를 한 번 꼬셔 볼게.  B 바로 그 정신이야! 내가 행운을 빌어 줄게.

### 기타표현체크

· Rumor has it (that)+주어+동사  ~라는 소문이 있다
· between you and me  우리끼리 얘긴데   · That's the spirit!  바로 그 정신이야!
· keep one's fingers crossed  행운을 빌다

# DAY 072

# You don't wanna do that
## 안 하는 게 좋아

'You don't wanna+동사원형'은 '~하지 않는 게 좋을 거야'라는 표현입니다. '넌 모르는 게 좋아.'라고 말할 땐 You don't wanna know. 또는 You're better off not knowing.과 같이 표현합니다.

• 유사표현 : You'd better not do that

저자강의

A Telegram is all the rage among Korean people.

B Call me old-fashioned, but I don't use Telegram.

A You don't wanna do that. People would play you for a fool.

B No wonder* they weren't answering my texts*.

A You can download the app online. You can't miss it.

B I see your point, but what's the big deal?*

A 텔레그램이 한국인에게 정말 인기야.  B 구식이라고 부르겠지만 난 텔레그램 안 해.
A 그러지 않는 게 좋을걸. 남들이 바보 취급 할 수도 있어.  B 어쩐지 내 문자에 답장을
안 하더라고.  A 인터넷에서 앱을 다운받아. 찾기 쉬워.  B 무슨 말인지 알았어. 뭐 대단
한 거라고.

---

**기타표현체크**

• No wonder+주어+동사  어쩐지 ~하다/~이 당연하다
• answer one's text  문자에 답장하다       • What's the big deal?  그게 뭐 대수야?

**DAY 073**

🎧 MP3 Day 073

# He blacked out
## 걔 필름이 끊겼어

black out은 '정신을 잃다'라는 뜻인데요, 술 마시다가 '필름이 끊기다'라는 의미로 사용됩니다. 유사한 의미로 pass out, faint와 같은 표현도 있습니다. blackout은 명사로 '정전'이라는 뜻으로도 사용됩니다.

• 유사표현 : **He passed out**

---

**A** I woke up with a stiff neck. I'm not feeling like myself.

**B** You drank till you dropped last night.

**A** To top it off*, I think I left my phone in the taxi.

**B** You remind me of* a friend of mine from university.

**A** He must be a real party animal*.

**B** He blacked out and even threw up sometimes.

---

A 자고 나니 목이 뻐근해. 내 몸이 아니야.  B 어젯밤에 엄청 마셨나 보구나.  A 설상가상으로, 택시에 휴대폰을 두고 내렸나 봐.  B 너 보니 대학교 때 동창 녀석 생각난다.
A 그 사람도 파티광이었나 보네.  B 필름도 끊기고 심지어 때론 토하기도 했지.

---

**기타표현체크**

· to top it off  설상가상으로
· party animal  파티광
· remind A of B  A에게 B가 생각나게 하다

# DAY 074

🎧 MP3 Day 074

# Let's make a toast
건배하자

회식 자리에서 빠지지 않는 것이 건배 제의죠. make a toast는 '건배 제의를 하다'라는 표현입니다. 이때 '~을 위하여'라고 할 때 전치사 to를 사용한다는 점을 주의하세요. 간단히 '건배'라고 외칠 때는 Cheers!라고 하면 됩니다.

• 유사표현 : Let's drink a toast

A Let's make a toast to your success.
  Bottoms up!*

B I must not drink today. I'm on medication.

A Come on. I'm not falling for that trick.

B I have a bad cold and ache all over.

A Why don't you take a day off* and relax?

B I'd love to, but I'm tied up* at work.

A 너의 성공을 위해 건배하자. 원 샷!  B 오늘 나 술 마시면 안 돼. 약 먹는 중이거든.
A 왜 이래. 그런 속임수에 안 속아.  B 감기에 몸살로 온몸이 쑤셔대.  A 하루 휴가 내
고 좀 쉬지 그래?  B 그러고 싶은데, 일 때문에 꼼짝 못해.

---

## 기타표현체크

• Bottoms up!  원 샷!                    • take a day off  하루 쉬다
• be tied up  바쁘다

# DAY 075

# Hope it works out
잘 되길 바라

work out은 '운동하다'라는 뜻과 더불어 어떤 일이 '잘 해결되다'라는
의미로 사용됩니다. '해결하다'라는 의미로 solve, settle, sort out
과 같은 표현도 사용됩니다.

• 유사표현 : Good luck to you

A How did you get into an accident?

B A man crashed into* my car and ran away.

A That was close*. Did you figure out who did that?

B Yes. But he was trying to put the blame on me.

A You're out of luck today. Hope it works out*
for you.

B I was so upset. I almost burst into tears.

A 어쩌다가 사고가 났어?  B 어떤 남자가 내 차를 박고 도망갔어.  A 큰일 날 뻔했네.
누가 그랬는지 밝혀냈어?  B 응. 근데 그 사람이 나한테 책임을 돌렸어.  A 오늘 운이
없는 날이구나. 잘 해결되길 바라.  B 너무 속상해서 눈물이 터질 뻔했어.

---

## 기타표현체크

· crash into sth  ～에 충돌하다
· work out  (일이) 잘 되다
· That was close  큰일 날 뻔했다

# DAY 076

# Have you made a profit?

수익 좀 냈어?

make a profit는 '수익을 얻다'라는 의미인데요, '흑자[적자]이다.'는 We're in the black[red].. '겨우 먹고 살아.'는 I'm struggling to make ends meet. 또는 Another day, another dollar.와 같이 말합니다.

• 유사표현 : You had a profit margin?

저자강의

A  Have you made a profit on your house?

B  Just getting by. I just broke even*.

A  I'm thinking of taking out a loan from the bank.

B  Can you recommend a new area to invest in?

A  I have my own problems*. I'm busy paying off a debt.

B  We're in the same boat. I'm struggling to raise money*.

A 집 매매로 수익 좀 냈어?  B 그럭저럭, 겨우 본전이야.  A 은행에서 대출을 좀 받으려고 해.  B 새로운 투자처 좀 추천해 줄래?  A 내 코가 석 자야. 빚 갚느라 정신없어. B 같은 처지네. 나도 돈 모으려 애쓰고 있어.

---

### 기타표현체크

• break even  본전이다
• raise money  돈을 마련하다
• have one's own problems  내 코가 석 자다

# She was taken to the ER

## 응급실에 실려 갔어

동사 take에는 '~를 …로 데려가다'라는 뜻이 있습니다. 영화 〈탑건〉의 주제곡 *Take my breath away*에서 take away는 사람의 '마음을 빼앗아 가 버리다'라는 의미로 사용되었죠.

• 유사표현 : She was rushed to the ER

---

**A**　I heard your wife was hospitalized* last night.

**B**　She was in a coma when she was taken to* the ER*.

**A**　I hope she'll be released from the hospital soon.

**B**　After the surgery, she is in stable condition now.

**A**　What did the doctor say? Is she all right?

**B**　He said she should bring her cholesterol level down.

---

A 어젯밤에 네 부인이 입원했다면서.　B 응급실로 실려 갈 때 혼수상태였어.　A 그녀가 곧 퇴원할 수 있기를 바라.　B 수술 후에 지금은 안정을 되찾았어.　A 의사는 뭐래? 괜찮대?　B 그녀가 콜레스테롤 수치를 낮춰야 한대.

---

## 기타표현체크

· be hospitalized　(병원에) 입원하다　　　　· be taken to+장소　~로 데려가다
· ER　응급실(Emergency Room)

# DAY 078

# Please spread the word

## 입소문 좀 내 줘

주변 사람들에게 '입소문 좀 내 줘.'라고 말할 때 쓰는 표현입니다. '입소문'은 word of mouth라고 하는데, '입소문으로 들었어요.'는 I heard it by word of mouth.와 같이 말하면 됩니다.

• 유사표현 : Spread the rumor for me

저자강의

A  Congratulations! Your book is selling like hotcakes.

B  Thanks. Please spread the word for me.

A  Sure. You have a way to promote it to the public*?

B  Yes. I've been posting free lectures on my site.

A  I'll put in a good word to my friends and acquaintances.

B  Thanks a million*. That means a lot to me*.

A 축하해요! 당신 책이 불티나게 팔리고 있어요.  B 고마워요. 주변에 입소문 좀 내 주세요.  A 물론이죠. 대중에게 홍보하는 방법이 있나요?  B 네. 제 사이트에 무료 강의를 올리고 있어요.  A 저도 친구들과 지인들한테 잘 얘기해 줄게요.  B 너무 감사해요. 정말 큰 힘이 돼요.

### 기타표현체크

• promote to the public  대중에게 홍보하다    • Thanks a million  정말 고마워요
• That means a lot to me  나에게 큰 의미가 있다

# DAY 079

# It's too much for me
너무 어려워

너무 어려워서 '벅차다'라는 뜻의 표현인데요, It's over my head. 와 같이 말해도 됩니다. 반면에 '너무 쉽다.'라는 말은 It's a piece of cake.. It's a snap.. It's a breeze.와 같이 표현합니다.

* 유사표현 : It's too difficult for me

A  I think it's too much for me to play golf.

B  Once you get the hang of it, it's just a matter of time*.

A  Would it be possible to catch up with you in a year?

B  I guess so. For starters*, try to get used to it.

A  All the practice will pay off* in the near future.

B  It's always easier said than done*.

A 나한텐 골프가 너무 어려운 것 같아.  B 일단 감을 잡으면, 단지 시간문제야.  A 1년 안에 네 실력을 따라잡는 게 가능할까?  B 아마도. 우선은 익숙해지려고 노력해 봐.  A 열심히 연습하면 조만간 성과가 있을 거야.  B 항상 말이야 행동보다 쉽지.

**기타표현체크**

· a matter of time  시간문제
· pay off  성과가 있다

· for starters  우선은
· Easier said than done  말은 행동보다 쉽다

# DAY 080

# They're made for each other 천생연분이야

'서로를 위해 만들어진 존재'라는 뜻으로 '천생연분'이란 의미가 되었습니다. '이상형'을 남자는 Mr. Right, 여자는 Ms. Right이라고 하죠. '백마 탄 왕자'는 Prince Charming이라고 표현합니다.

• 유사표현 : They're a match made in heaven

저자 강의

A  Hey, I'm back. What did I miss?

B  Guess what I just heard? Take a guess*.

A  What do you take me for? Give it to me straight*.

B  They got carried away and kissed each other.

A  I knew it!* They were drinking a lot.

B  I think they're made for each other.

A 이봐, 나 돌아왔어. 무슨 얘기 했어?　B 방금 무슨 얘기 들은 줄 알아? 한번 맞춰 봐.
A 날 뭘로 보는 거야? 솔직하게 말해.　B 걔네들 분위기에 휩쓸려서 서로 키스했대.
A 그럴 줄 알았어! 술 엄청 마셔대더니.　B 걔네들 천생연분인 것 같아.

---

**기타표현체크**

• Take a guess  대충 맞추다
• I knew it!  그럴 줄 알았어!

• Give it to me straight  솔직히 말해

# DAY 081

🎧 MP3 Day 081

# You didn't come out great

## 사진 잘 안 나왔네

촬영한 사진을 평가할 때 사용하는 표현입니다. '실물이 더 낫다.'는 You look nicer in person., 반대로 '사진이 실물보다 더 잘 나오다.'는 You look nicer in this picture., This picture flatters you.와 같이 말할 수 있습니다.

• 유사표현 : You didn't turn out very well

A  You didn't come out great in this picture.

B  To be honest, I'm a little camera-shy*.

A  You look better than your picture.

B  That's what everybody tells me.

A  You'd better change your mind and have confidence*.

B  On second thought*, you have a point.

A 이 사진은 당신이 잘 안 나왔네요.  B 솔직히 전 사진 찍는 거 싫어해요.  A 사진보다 실물이 더 나으세요.  B 다들 그렇게 말해요.  A 생각 좀 바꾸고 자신감을 가져요.  B 다시 생각해 보니, 당신이 맞는 것 같아요.

---

**기타표현체크**

· camera-shy  사진 찍기 싫어하는          · have confidence  자신감을 갖다
· on second thought  다시 생각해 보니

# DAY 082

# Let me sleep on it
다시 생각해 볼게

'하룻밤 자면서 더 생각해 보다'라는 의미로, 어떤 결정을 하기 전에 '시간을 두고 숙고하다'라는 표현입니다. I'll give it some thought.과 같이 말해도 됩니다.

• 유사표현 : Let me think it over

A Can I help you find something?

B I'm wondering if* you can give me a discount on this.

A That's a steal*. We're selling these at cost.

B I don't like to haggle*, but it's way too expensive.

A Why don't you try it on for size?

B If you can't come down*, let me sleep on it.

A 뭐 찾으시는 거 도와드릴까요?　B 이거 할인해 주실 수 있는지 궁금해요.　A 완전 거저예요. 본전에 팔고 있고요.　B 흥정하고 싶지 않지만 너무 비싸네요.　A 사이즈 맞는지 한 번 입어 보실래요?　B 깎아 줄 수 없다면 생각 좀 해 볼게요.

---

기타표현체크

· wonder if+주어+동사　~인지 아닌지 궁금하다　· That's a steal　싸다/공짜나 다름없다
· haggle　흥정하다　· come down　가격을 내리다

# DAY 083

# Just get to the point
## 본론만 얘기해

주제를 벗어나 말을 빙빙 돌리는 사람에게 '요점만 얘기해.'라고 하는 말입니다. point는 '요점', '핵심'이라는 뜻이죠. Come to the point., Cut it short.와 같이 말해도 됩니다.

• 유사표현 : Let's get down to business

**A** This work is beyond my ability*. I'm not sure if I can do it.

**B** Stop beating around the bush. Just get to the point.

**A** I'm pulling my weight. I deserve* a raise.

**B** Pay raise? Don't start with that* again.

**A** I'm going to put in for* a transfer to another division.

**B** Please stop pressuring me. You're driving me crazy.

A 제 능력 밖이에요. 할 수 있을지 모르겠어요.   B 말 돌리지 마세요. 본론만 얘기해요.   A 전제 역할을 다하고 있어요. 급여 인상 받을 만해요.   B 급여 인상이라고요? 그 얘긴 꺼내지도 마세요.   A 다른 부서로 전근 신청할 거예요.   B 나 좀 그만 괴롭혀요. 당신 때문에 미치겠어요.

### 기타표현체크

- be beyond one's ability   ~의 능력을 넘어서다
- deserve+명사 / deserve to+동사원형   ~ 받을 만하다, ~할 만한 자격이 있다
- Don't start with that   그 얘긴 꺼내지도 마    • put in for sth   ~을 신청하다

# DAY 084

# It's pouring
비가 억수같이 와

비가 퍼붓듯이 내릴 때 사용하는 표현이죠. 간단히 It's raining hard. 라고 해도 됩니다. '비가 오락가락하다.'는 It's raining on and off., '빗방울이 굵어지고 있어.'는 The rain is picking up.과 같이 말합니다.

• 유사표현 : It's really coming down

저자강의

A  Look outside! It's pouring.

B  I don't feel like* cooking. Let's send out for Chinese food.

A  What's the weather going to be like tomorrow?

B  There's a good chance it will rain in the afternoon.

A  Too bad* we have to be cooped up at home on Sunday.

B  Damn it! There goes* my weekend.

A 바깥 좀 봐! 비가 억수같이 오고 있어.   B 요리하기 싫은데, 중국 음식이나 시켜 먹자.
A 내일 날씨는 어떨 것 같아?   B 오후에 비가 올 가능성이 높대.   A 일요일에 집에 처박혀 있으려니 죽겠네.   B 제길! 이번 주말은 망쳤어.

### 기타표현체크

· don't feel like+(동)명사  ~하고 싶지 않다      · Too bad+주어+동사  ~이라서 아쉽다
· There goes+명사  ~을 망쳤다/날 샜다

🎧 MP3 Day 085　　☐ MP3 듣기　☐ 저자강의 듣기　☐ 암기 완료

# Let's take a walk
## 산책 좀 하자

원어민은 기본 동사와 명사를 결합한 표현을 즐겨 쓰죠. 동사 take 를 이용해 자주 쓰이는 표현들로 take a bath(목욕을 하다), take a nap(낮잠을 자다), take a picture(사진을 찍다) 등이 있습니다.

• 유사표현 : How about a stroll?

A Do you have any big plans this Saturday?

B I'm afraid I have some work to catch up on.

A You look really stressed out*. What happened?

B The last thing I wanna do is fill in for* someone.

A Stick it out and don't bite off more than you can chew.

B I can't stand the sight of him. Let's take a walk*.

A 이번 주 토요일에 특별한 계획 있어? B 안타깝게도 밀린 일을 좀 해야 해. A 너 엄청 스트레스 받아 보여. 무슨 일이야? B 난 절대 다른 사람 일을 대신 하고 싶지 않아. A 조금만 참아. 그리고 감당할 수 있을 정도만 해. B 그 녀석 꼴도 보기 싫어. 우리 산책이나 하자.

---

**기타표현체크**

· stressed out  스트레스를 받은
· take a walk  산책하다
· fill in for sb  ~를 대신하다

# DAY 086

# Thanks for the tip
## 알려 줘서 고마워

도움이 되는 정보를 알려 줘서 고맙다고 말할 때 사용하는 표현이죠. '상기시켜 줘서 고마워요.'는 Thanks for telling me., Thanks for reminding me.와 같이 말할 수 있습니다.

• 유사표현 : Thanks for the heads-up

A  Would you mind* backing up a little, please?

B  What's the matter? I always park here.

A  This is a tow-away zone*. You can get a parking ticket.

B  Don't make a big deal out of nothing.

A  As far as I know*, there's a parking lot behind the building.

B  That's news to me*. Thanks for the tip.

A 차를 뒤로 좀 빼 주실래요?  B 뭐가 문제죠? 저는 늘 여기 주차하는데요.  A 여긴 견인 지역이에요. 주차 위반 딱지를 떼일 수 있어요.  B 별거 아닌 일로 소란 좀 떨지 마세요.  A 제가 알기로는 건물 뒤에 주차장이 있어요.  B 금시초문인데요. 알려 줘서 고마워요.

## 기타표현체크

· Would you mind+동명사?  ~해 주실래요?  · tow-away zone  (불법 주차) 견인 지역
· as far as I know  내가 알기로는  · That's news to me  금시초문이다

🎧 **MP3 Day 087**   ☐ MP3 듣기  ☐ 저자강의 듣기  ☐ 암기 완료

# Keep your voice down
## 목소리 낮춰

keep sth down은 '~을 낮추다'라는 뜻입니다. TV 소리가 너무 커서 '볼륨 좀 줄여라.'라고 말할 땐 Keep the volume down.과 같이 말하면 됩니다. 반면 '크게 좀 말씀해 주세요.'는 Raise your voice.라고 말합니다.

• 유사표현 : **Lower your voice**

저자강의

A You look sharp* today. What's going on?

B I treated myself to a new coat behind my wife's back.

A She'll blow her top if she finds out.

B Leave it to me. I'll take care of it.

A I feel sorry for her. What kind of husband are you?*

B Keep your voice down. Don't tell a soul*.

A 오늘 멋진데. 무슨 일이야?  B 아내 몰래 큰맘 먹고 코트 하나 샀어.  A 네 아내가 알면 불같이 화낼 것 같은데.  B 나한테 맡겨. 내가 알아서 할 거야.  A 네 아내가 불쌍하다. 무슨 남편이 그러냐?  B 목소리 낮춰. 아무한테도 말하지 마.

---

**기타표현체크**

· **look sharp**  (의상이) 멋지다       · **What kind of sb are you?**  무슨 ~가 그러냐?
· **Don't tell a soul**  아무한테도 말하지 마

**DAY 088**

🎧 **MP3** Day 088

# I got a lecture
## 나 야단맞았어

구어체에서 get은 명사와 결합해서 일반동사처럼 자주 사용됩니다. '머리를 자르다'는 get a haircut, '택시를 잡다'는 get a taxi, '술 마시다'는 get a drink와 같이 다양하게 표현할 수 있습니다.

• 유사표현 : I got punished by my dad

저자 강의

A I got a lecture for failing to meet the deadline.

B You know how your boss is about deadlines.

A I don't want to let him down any more.

B Let's talk about it over* a drink tonight.

A I got paid* today. I'll treat you to dinner*.

B I owe you one*. It's my turn to return the favor.

A 마감 시간을 못 지켜서 야단맞았어.   B 사장님이 마감일에 대해 어떤지 알잖아.
A 더 이상 그를 실망시키고 싶지 않아.   B 저녁에 한잔하면서 얘기하자.   A 오늘 월급 받았어. 내가 저녁 살게.   B 너한테 빚진 게 있어. 내가 보답할 차례야.

---

**기타표현체크**

· over+음식  ~을 먹으면서, ~을 마시면서
· treat sb to+식사  ~에게 식사를 대접하다

· get paid  급여를 받다
· owe sb one  빚지다/신세를 지다

☐MP3 듣기 ☐저자강의 듣기 ☐암기 완료
🎧 MP3 Day 089

# DAY 089

# Fill her up, please
가득 주세요

Fill up은 윗부분까지 '가득 채우다'라는 의미인데요, '가득 채워 주세요.'는 Fill it up. 또는 Top it up.과 같이 말합니다. 물컵에 물을 '가득 채워 주세요.'라고 할 때도 Fill up to the top.과 같이 표현할 수 있습니다.

• 유사표현 : Could you fill it up?

A We're running out of gas.

B I know a gas station* on the way.

A While we're at it*, I should get my car washed.

B You have to make a left at the next light.

A I need to fill up the tank*. We have a long way to go.

B Fill her up*, please. Can I get a car wash?

A 기름이 떨어져 가고 있어.   B 가는 길에 주유소 아는 데 있어.   A 하는 김에 세차도 좀 해야겠다.   B 다음 신호등에서 좌회전해야 해.   A 가득 채워야겠어. 갈 길이 멀잖아.   B 가득 넣어 주세요. 세차 가능하죠?

---

**기타표현체크**

· gas station  주유소
· fill up the tank  (기름통을) 가득 채우다
· While we're at it  ~하는 김에
· Fill her up  가득 넣어 주세요

# Put it on my account
## 외상으로 할게요

account는 '계좌', '장부'와 같은 뜻이 있죠. '~에 올려 주세요'는 Put it on sth이라는 표현을 사용하는데요, '제 방으로 달아 주세요.'는 Put it on my room., '제 계산서에 달아 주세요.'는 Put it on my bill.과 같이 말합니다.

• 유사표현 : **Charge it to my account**

A  I've been out of touch with Jason for months.

B  I've texted* him a few times. He's in the doghouse.

A  Let's drop the subject and go out for lunch.

B  Here comes the food. Let's dig in*.

C  The total comes to* $24.

B  Put it on my account, please.

A 제이슨하고 몇 달째 연락이 끊겼어.　B 문자도 여러 번 보냈는데. 걘 완전 찍혔어.
A 그 얘긴 그만하고 점심이나 먹으러 가자.　B 음식 나왔다. 어서 먹자.　C 총 24달러
나왔습니다.　B 제 장부에 달아 주세요.

---

### 기타표현체크

· **text sb** ~에게 문자를 보내다　　　　· **Let's dig in** (음식을) 먹자
· **The total comes to + 금액** 총 얼마가 나오다

# DAY 091

# Give me a wake-up call

## 모닝콜 해 주세요

'모닝콜'을 영어로 wake-up call이라고 하죠. 참고로 '잠을 재우다'
라는 표현은 put sb to sleep이라고 해요. '아기를 재워야 해.'라는
말은 I need to put my baby to sleep.과 같이 말하면 됩니다.

• 유사표현 : **Please wake me up at 6:00**

A I have a reservation under the name of Jinsu Kim.

B Yes, Sir. Could you fill out this form, please?

A I'd like a room with an ocean view* if possible*.

B Let me check. Okay, we have one. Your room number is 902.

A Great. Can you give me a wake-up call at 7:00?

B Sure. I'll have* a bellboy carry your luggage to your room.

A Can I have an extra towel in my room, please?

A 김진수라는 이름으로 예약했어요.   B 네. 이 양식을 좀 작성해 주시겠습니까?
A 가능하면 바다가 보이는 방으로 주세요.   B 확인해 보겠습니다. 하나 있네요. 방 번호
는 902호입니다.   A 좋아요. 7시에 모닝콜 좀 해 주시겠어요?   B 물론이죠. 벨보이가
짐을 객실로 옮겨 드릴 겁니다.   A 제 방에 수건 하나 더 주시겠어요?

**기타표현체크**

• ocean view   바다가 보이는 전망          • if possible   가급적/가능하면
• have sb+동사원형   ~에게 …하라고 시키다

🎧 MP3 Day 092

# DAY 092

# I have a bad cough
## 저 기침이 심해요

감기에 관련된 증상은 동사 have를 사용해서 다양하게 표현할 수 있는데요, 콧물이 날 땐 I have a runny nose., 코 막힐 땐 I have a stuffy nose., 목이 아플 땐 I have a sore throat., 열이 날 땐 I have a fever.와 같이 말하면 됩니다.

• 유사표현 : My cough is terrible

저자강의

A  What's the problem today?

B  This is my first time here. I have a bad cough*.

A  Leave your name and phone number, please.

B  OK. How many parties are ahead of me?

A  12. Do you want me to put you on the waiting list?

B  Yes, please. How long is the wait?*

A  The way I see it*, it should take 30 minutes.

A 어디가 불편하세요?  B 여긴 처음인데요. 기침이 심해요.  A 성함과 전화번호를 알려 주십시오.  B 네. 제 앞에 대기자가 얼마나 되죠?  A 12명이요. 대기자 명단에 올려드릴까요?  B 네, 부탁해요. 얼마나 기다려야 하죠?  A 제가 보기엔 30분 정도 걸릴 것 같아요.

---

### 기타표현체크

• have a cough  기침을 하다(have a stuffy nose  코가 막히다)
• How long is the wait?  얼마나 기다려야 하나요?     • The way I see it  내가 보기엔

# DAY 093

# **Will that be all?**

그게 전부이신가요?

식당이나 가게에서 손님이 주문을 끝냈을 때 종업원이 '주문 다 하셨나요?'라고 확인하며 묻는 말입니다. '주문 내용 확인해 드릴게요.'라는 표현은 Let me check your order. 또는 Let me confirm your order.와 같이 말합니다.

• 유사표현 : **Anything else?**

저자
강의

A Can I take your order? What can I get for you?

B I'd like* a cheese burger, French fries* and a Coke.

A For here or to go?

B To go, please. Take it easy on the onions.

A Will that be all?* That'll be $7.50. Enjoy your meal*.

B I'd like to pay by credit card. Here you go.

A 주문하시겠어요? 뭘 드릴까요? B 치즈버거 한 개, 감자튀김, 콜라 하나 주세요.
A 여기서 드세요, 아니면 가져가실 건가요? B 가져갈 겁니다. 양파는 조금만 넣어 주세요. A 그게 전부이신가요? 7달러 50센트입니다. 맛있게 드세요. B 신용카드로 계산할게요. 여기 있어요.

---

**기타표현체크**

· I'd like+음식  ~ 주세요
· Will that be all?  그게 전부인가요?

· French fries  감자튀김
· Enjoy your meal  맛있게 드세요

# DAY 094

# **What do you say?**

## 네 생각은 어때?

어떤 제안을 하고 나서 상대방의 의사를 묻는 표현입니다. '당신은 어때요?'라는 표현은 What about you? 또는 How about you?와 같이 간단하게 말해도 됩니다.

• 유사표현 : **What do you think?**

저자
강의

A  Do you have a reservation?

B  No. Do you have a table for five?

A  Certainly*. Would you like a table or a booth?

B  We'd like to sit in a booth*. What do you say*, honey?

C  It's all the same to me. Suit yourself.

B  Boys, please stay out of trouble and behave yourselves.

---

A 예약하셨나요?   B 아뇨. 5명인데 자리 있어요?   A 네. 테이블을 원하세요, 아니면 칸막이 쪽을 원하세요?   B 칸막이에 앉을게요. 여보, 당신은 어때?   C 전 아무래도 괜찮아요. 편할 대로 하세요.   B 얘들아, 말썽 피우지 말고 얌전히 있어라.

---

### 기타표현체크

• Certainly  물론이죠
• What do you say?  어떻게 생각해?

• sit in a booth  칸막이 자리에 앉다

# Can I get a refund?

환불 되나요?

'환불받다'는 get a refund라고 하는데요, '물건을 반품하다'는 return 또는 take back과 같은 표현을 사용합니다. '영수증 없으면 반품이 안 됩니다.'는 You can't return without the receipt.와 같이 말합니다.

• 유사표현 : I'd like a refund, please

저자강의

A Good afternoon. How may I help you?

B Can I get a refund on this coat?

A I'm afraid* it's against our policy to give refunds.

B This is torn. Can I exchange it for another one?

A All sales are final*. We're sorry for the inconvenience*.

B I'm so fed up with your service.

A 안녕하세요. 뭘 도와드릴까요?   B 이 코트 환불받을 수 있을까요?   A 유감스럽지만 환불은 규정에 어긋납니다.   B 여기가 찢어졌어요. 다른 걸로 교환은 되죠?   A 환불 및 교환이 안 됩니다. 불편 드려 죄송합니다.   B 당신네 서비스에 완전 질렸어요.

---

**기타표현체크**

• I'm afraid+주어+동사   유감스럽게도 ~하다   • All sales are final   교환(환불) 불가
• be sorry for the inconvenience   불편 드려 죄송하다

# DAY 096

# Don't ask for trouble

## 괜한 짓 하지 마

ask for trouble은 '곤란한 일을 자초하다'라는 뜻인데요, 상대방의 행동을 비난할 때 '화를 자초하다'라는 의미로 사용됩니다. '자업자득이다.'는 You asked for it. 또는 You deserve it.과 같이 말합니다.

• 유사표현 : Let sleeping dogs lie

저자강의

A  Who came up with this brilliant idea?

B  We put our heads together to solve the problem.

A  Good job*. Let's give ourselves a big hand.

B  Why don't you report it to the boss right away*?

A  He's in a bad mood* today. Don't ask for trouble.

B  Really? I was barking up the wrong tree*.

A 누가 이렇게 훌륭한 아이디어를 생각해 냈죠?  B 우리가 머리를 맞대고 문제를 해결했어요.  A 잘했어요. 모두에게 큰 박수를 쳐 줍시다.  B 사장님께 바로 보고 드리는 건 어때요?  A 오늘 저기압이세요. 괜한 짓 하지 마세요.  B 그래요? 제가 잘못 짚었군요.

---

**기타표현체크**

· Good job  잘했어요/훌륭해요
· be in a bad mood  기분이 좋지 않다

· right away  곧바로/즉시
· bark up the wrong tree  헛다리 짚다

# DAY 097

# I'm sorry for your loss
## 애도를 표합니다

장례식장에서 고인에게 애도의 마음을 전하는 표현입니다. '상심이 크시 겠군요.'라는 뜻으로 Please accept my condolences. 또는 I can't tell you how sorry I am.과 같이 말하기도 합니다.

• 유사표현 : My condolences to you

A My father passed away* last week.

B I'm so sorry for your loss. I know how you feel*.

A Thank you for your sympathy*.

B He was a great man. He had a mind of his own.

A He had to learn the hard way and made it big*.

B I've looked up to him since I was young.

A 지난주에 제 아버지가 돌아가셨어요.  B 삼가 애도를 표합니다. 어떤 심정인지 알아요.
A 위로해 주셔서 감사해요.  B 훌륭한 분이었어요. 주관이 뚜렷하셨죠.  A 역경을 통해
배우시고 크게 성공하셨어요.  B 전 어렸을 때부터 그분을 존경했어요.

---

### 기타표현체크

• pass away  사망하다/(시간이) 지나가다
• sympathy  조의[연민]/위로
• know how you feel  어떤 기분인지 안다
• make it big  크게 성공하다

# Let's face it
## 현실을 직시해

'인정하기 어려운 현실을 받아들이다' 또는 '현실을 직시하다'라는 표현입니다. face the reality라고 하기도 합니다. '피하지 않고 정면으로 맞서다'라는 의미로 take the bull by the horn과 같은 표현도 있습니다.

• 유사표현 : **Let's be realistic**

저자
강의

A The economy is worse now more than ever*.

B The job market is horrible to say the least*.

A Big companies don't place many ads to hire people.

B Some say we have to lower our standards.

A I think everyone has what it takes to succeed.

B Let's face it. It's too cut-throat* these days.

A 지금 경기가 어느 때보다 좋지 않아. B 채용 시장도 정말 최악이야. A 대기업에서 채용 공고를 많이 내지 않아. B 어떤 이들은 우리에게 눈높이를 낮추라고 해. A 난 누구나 성공할 자질이 있다고 생각해. B 현실을 직시하자. 요즘 경쟁이 너무 치열하다고.

---

### 기타표현체크

• **more than ever** 그 어느 때보다 더
• **to say the least** 정말로/조금도 과장 없이
• **cut-throat** 경쟁이 치열한

**DAY 099**

# I missed the boat

기회를 놓쳤어

우리말에 '버스를 놓치다'라는 말이 있죠. 영어에서도 우리말과 유사하게 miss the bus 또는 miss the boat라고 표현합니다. 참고로 일생에 한 번뿐인 기회는 Once-in-a-lifetime opportunity라고 합니다.

• 유사표현 : **I missed an opportunity**

A  Did you get good grades in school?

B  Looking back*, I was on the dean's list* during college.

A  You were an honor student? Don't make me laugh.

B  OK, but good grades don't put food on the table.

A  There's nothing like studying hard as a student.

B  I think the point is* that I missed the boat* in life.

A 학교 다닐 때 공부 잘했어?  B 돌이켜 보니 대학 때 우등생이었지.  A 네가 모범생이었다고? 웃기지 마.  B 알았어. 하지만 공부 잘하는 게 밥 먹여 주는 건 아니잖아.  A 학생 때는 공부를 열심히 하는 게 최고야.  B 중요한 건 내가 인생의 기회를 놓쳤다는 거지.

**기타표현체크**

- Looking back  돌이켜 보니
- the point is+주어+동사  요점은 ~이다
- be on the dean's list  우등생 명단에 있다
- miss the boat  (좋은) 기회를 놓치다

# DAY 100

# Don't be a chicken!
## 겁먹지 마!

서양에서는 겁이 많은 동물로 '닭'이 유명한데요. 누구를 겁쟁이라고 놀릴 때 chicken에 비유해서 자주 말합니다. chicken을 동사로 사용해서 Don't chicken out!과 같이 표현하기도 합니다.

• 유사표현 : Don't be scared

A Let's go ahead with this plan. We can manage*.

B With your track record*, I don't think we can pull it off.

A Come on! Don't be such a chicken!*

B All I'm saying is* we need something to turn to.

A OK. If you insist, let's meet halfway.

B Be serious. It's no laughing matter.

A 이 계획 추진하자. 어떻게든 될 거야.  B 네 전적을 봤을 때 우린 못할 것 같아.
A 왜 이래! 너무 겁쟁이처럼 굴지 마.  B 내 말은 뭔가 의지할 수 있는 게 필요해.
A 좋아. 정 그렇다면 서로 타협하자.  B 좀 진지하라고. 웃을 일이 아니야.

---

### 기타표현체크

· sb can manage  그럭저럭 해내다   · with one's track record  ~의 전적을 봤을 때
· Don't be a chicken!  겁먹지 마!
· All I'm saying is+주어+동사  내 말은 ~이라는 거야